Religion für Einsteiger II

EDUARD KOPP · REINHARD MAWICK · BURKHARD WEITZ

Religion für Einsteiger II

Bibliografische Information der Deutschen Nationalbibliothek.
Die Deutsche Nationalbibliothek verzeichnet diese Publikation in der
Deutschen Nationalbibliografie; detaillierte bibliografische Daten sind
im Internet über http://dnb.d-nb.de abrufbar.

Umschlaggestaltung und Satz:
Kristin Kamprad, Hansisches Druck- und Verlagshaus GmbH

Umschlagfoto:
Plainpicture/fStop

Druck und Bindung:
DZA Druckerei zu Altenburg GmbH, Altenburg

Religion für Einsteiger II
© Hansisches Druck- und Verlagshaus GmbH, Frankfurt am Main 2008

Printed in Germany
ISBN 978-3-938704-56-1

Fotonachweis:

Quelle	Seite	Quelle	Seite
Barrand/getty	92	Mauritius/Blume Bild	16
Katrin Binner	96	Michael Ondruch	36, 44, 56, 100
Gerhard Haderer/Illuscope	24	plainpicture/fancy	128
Olaf Hermann	52	plainpicture/fStop	32
Thies Ibold	40, 48, 60, 80, 88, 104	plainpicture/Hasengold	72
		plainpicture/Lumen	12
Anna Kern/Etsa/corbis	120	Hartmut E. Rätsch	68, 76, 108, 112
Manfred Klindford/Okapia	8	Schultze/Mauritius	132
Tim Kubach	28, 64, 124	Noeru Takizawa/getty	116
Niki Mareschal/getty	20	Walsh/IFA-Bilderteam	84

Inhalt

BIBEL UND TRADITIONEN

IN DER GEMEINDE

ANHANG: STICHWORTE

Vorwort

Dürfen sich Christen scheiden lassen? Wie ist das mit der Auferstehung? Hat Darwin oder die Bibel recht? Vertragen sich Religion und Satire?

Seitdem von einer „Rückkehr der Religion" die Rede ist, scheuen sich auch kirchendistanzierte Zeitgenossen nicht, sich in solche Glaubens- und Ethikfragen einzufuchsen und ihre Sicht der Dinge zur Diskussion zu stellen. chrismon, das evangelische Magazin, hat eine Schwäche für Kirchendistanzierte wie auch für Religionskenner. Wenn es darum geht, religiöse Fragen einfach und stichhaltig zu beantworten, ist die Redaktion in ihrem Element. Und sie lädt in jeder Ausgabe des Magazins neu dazu ein: Schicken Sie uns Ihre Fragen, wir suchen nach einer Antwort.

Manche Themen haben es in sich. Das vorliegende Buch, geschrieben von erfahrenen Theologen der chrismon-Redaktion, weicht keinem Thema aus. Mit Lust an der Kontroverse gehen sie Fragen nach, die z. B. zwischen Katholiken und Protestanten, zwischen Männern und Frauen, zwischen Schultheologen und Esoterikern umstritten sind. So entstand ein Buch ohne Fachsimpelei, ohne kirchlichen Jargon, ohne ethische Höhenflüge – getreu dem Grundsatz: Die wirklichen Fragen sind oft ganz einfach, die Antworten meist auch.

Der erste Band des chrismon-Buches „Religion für Einsteiger" war ein voller Erfolg. In diesem zweiten Band geht es um weitere religiöse Streitfragen, weitere ethische Dispute, um mehr Orientierung darüber, was in den Kirchen vor sich geht. Es enthält längere Texte zu komplizierten Fragen und kurze Stichworttexte, die es ebenfalls in sich haben. Oder hätten Sie bereits gewusst, wo in der Kirche „Hokuspokus" stattfindet (Seite 139)?

Eduard Kopp
Leitender chrismon-Redakteur (Theologie)

Nein, sagen konservative Christen. Die Evolutionslehre könne die Entstehung der Welt *nicht erklären. Selbst Fossilien führen sie ins Feld, um Darwin zu widerlegen. Aber vieles spricht gegen ihre Theorie*

Hat Darwin recht?

Ein amerikanischer Comic zeigt einen jungen Wissenschaftler, der seinem Professor an einer Tafel eine komplizierte mathematische Berechnung vorführt. Zwischen Schritt eins und Schritt drei seiner Berechnung steht: „Hier geschieht ein Wunder." Skeptisch sieht sich der Professor die Formeln an. Dann sagt er: „Ich denke, bei Schritt zwei sollten Sie etwas genauer sein." – Eines macht der Comic deutlich: Die Behauptung, ein Wunder geschehe, ersetzt nicht die wissenschaftliche Erklärung. Sie verweist lediglich auf eine Wissenslücke.

Unter amerikanischen und deutschen Biologen tobt ein heftiger Streit. Zur Debatte steht die Evolutionstheorie, vom englischen Naturforscher Charles Darwin vor 150 Jahren erstmals formuliert. Laut Darwin hat sich alles Leben durch Zufall allmählich entwickelt. Alle Tier- und Pflanzenarten hätten sich im Laufe der Jahrmillionen durch Veränderungen der Erbanlagen (Mutation) und durch natürliche Auslese (Selektion) gebildet. So seien aus Einzellern Mehrzeller entstanden, später Wirbeltiere, Landtiere, Säugetiere, schließlich der Mensch.

Die Gegner der Evolutionstheorie sind überwiegend konservative Christen, die wissenschaftliche Einwände gegen Darwin äußern. Hatte dieser vermutet, Fossilien bezeugten eine allmähliche Veränderung der Arten, so sagen Kritiker: Die Fossilfunde der vergangenen 150 Jahre ließen diesen Schluss nicht zwingend zu. Arten wie der Ammonit (ein Kopffüßler, im Bild links seine versteinerte Schale) träten plötzlich auf und blieben über lange Zeiträume konstant. Stammbäume könne man so nicht eindeutig rekonstruieren. Ein weiterer Einwand lautet: Für viele komplizierte Baupläne in der Natur gäbe es keine plausiblen evolutionären Vorstufen. Evolutionskritiker sagen auch:

Trotz intensiver Mutationsforschung habe niemand je das Entstehen einer neuen Art beobachtet. Neue Arten, behaupten sie, könnten auch gar nicht durch Mutation entstehen.

Ihre Alternative nennen sie mit einem englischen Ausdruck „Intelligent Design". Die Entstehung der Arten müsse man sich als zielgerichteten Prozess vorstellen. Ein intelligenter Designer, Gott, habe den Bauplan für die Arten geliefert. Manchem gläubigen Menschen mögen solche Erklärungen gefallen. Mit ihnen hat ein Naturwissenschaftler aber ein ähnliches Problem wie der Assistent im Comic, der behauptet: „Hier geschieht ein Wunder."

Seit Jahrhunderten untersuchen Naturwissenschaftler die Welt unter der Prämisse „etsi deus non daretur", als gäbe es Gott nicht. Sie suchen natürliche Ursachen, keine religiösen. Dieser Weg hat sich in der Vergangenheit als erfolgreich erwiesen. Unter dieser Vorgabe ist Darwins Theorie trotz aller Einwände noch immer die beste Erklärung für die Entstehung der Arten.

Die Vorstellung, dass das Leben nicht aus dem Kampf ums Dasein, sondern aus Gottes Willen entstand, mag humaner wirken. Doch die Theorie des Intelligent Design hat auch aus theologischer Sicht Mängel. Nach frühchristlicher Lehre formt Gott die Welt nicht aus dem Chaos, sondern erschafft sie aus dem Nichts. Also beantwortet der Schöpfungsglaube nicht die Frage, wie die Welt entstand. Sie beantwortet vielmehr die philosophische Grundfrage, warum überhaupt etwas ist und nicht vielmehr nichts. Das Bekenntnis zum Schöpfer heißt: Gott will die Welt, wie sie ist; sie ist auch dann sinnvoll und gut, wenn sich ihr Sinn und ihre Güte dem Einzelnen nicht erschließen mögen.

Einiges spricht also gegen die Theorie des Intelligent Design. Trotzdem verdienen seine Vertreter Respekt und Gehör. Jeder Biologe hat das Recht, die Evolutionstheorie wissenschaftlich anzuzweifeln, selbst wenn ihn religiöse Motive dazu bewegen. Leider wird den Vertretern des Intelligent Design dieses Recht von ihren Kollegen zuweilen verweigert.

Darwins Theorie kann sich durch Experimente und Naturbe-
obachtung als richtig oder falsch erweisen. Mancher übereifrige
Evolutionsforscher versucht, christlich motivierte Einwände von
Wissenschaftlern zu unterdrücken. Nur: Wer eine Theorie gegen
Kritik, egal von welcher Seite, abschottet, verhält sich nicht wie ein
Wissenschaftler, sondern wie ein Ideologe. Solches Verhalten trägt
kaum zur Wahrheitsfindung bei. Ungeachtet dessen bleibt es dabei:
Ob Darwin recht hat oder nicht, bestimmt die Wissenschaft, nicht
die Theologie.

Burkhard Weitz

Die Kenntnisse über das Christentum schrumpfen, doch kirchliche Feiern *sind vielen Menschen wichtig. Wie Glauben und Kopfarbeit zusammenhängen*

Braucht man Wissen, um zu glauben?

Konfirmation in der St.-Nikolai-Gemeinde in Salzgitter-Bad. 28 Mädchen und Jungen feiern nach einer anderthalbjährigen Vorbereitungszeit ihren großen Tag. Doch es könnten noch mehr sein, wären nicht einige Monate zuvor drei Jugendliche von der Konfirmation ausgeschlossen worden. Gemeindepfarrer und Kirchenvorstand hatten dies einmütig beschlossen. Der Grund: Die drei konnten im neu eingeführten Prüfungsgespräch in Anwesenheit von fünf, sechs Kirchenvorstehern weder nachweisen, dass vom Konfirmandenunterricht inhaltlich etwas hängengeblieben war, noch, dass sie ernsthaft Mitglied der Gemeinde sein wollten.

Für die Eltern der Betroffenen ein Riesenskandal. Sie beschwerten sich beim Propst und beim braunschweigischen Landeskirchenamt, ohne Erfolg. Auch die Gemeinde blieb hart. Sie verweist darauf, dass das erfolgreiche Ablegen einer Prüfung als Voraussetzung für die Konfirmation von Anfang an bekannt gewesen sei. Der Vater eines der Ausgeschlossenen hatte bereits ein Jahr vor dem Fest den Ratskeller gemietet und erwog, gegen die Gemeinde auf Schadensersatz zu klagen, ließ es dann aber sein, weil er den Prüfungstermin schlichtweg nicht berücksichtigt hatte.

Die Ansprüche der Gemeinde an ihre Konfirmanden waren so groß nun nicht. Die Jugendlichen sollten jeweils eine alttestamentliche und eine neutestamentliche Bibelgeschichte bedenken und zu ihrer „eigenen" machen. In einem Fall ging es um Paradies und Sündenfall. Die Verblüffung war groß, als einer der Prüflinge schon bei der Frage passen musste, welche Personen im Paradies zu Hause waren.

Kann man Christ sein ohne gewisse Kenntnisse der Bibel? Eindeutig nicht. Auf der anderen Seite müssen die Gemeinden immer mehr dem Umstand Rechnung tragen, dass das Elternhaus und die Schulen als Vermittler von religiösem Wissen ausfallen.

Wissen zu vermitteln ist eine ureigene und ursprüngliche Aufgabe der Kirche. Man kann es mit Blick auf das Wirken Jesu begründen: Zu ihm kam „alles Volk, und er lehrte sie" (Markusevangelium 2,13). Das in der deutschen Bibelübersetzung verbreitete Wort Jünger bedeutet nichts anderes als Schüler.

Bezeichnend ist aber auch: Die ganze Geschichte der Kirchen ist eng mit der Entwicklung des Schulwesens in Europa verbunden. Ob in den Schulen der Klöster oder in den Bildungseinrichtungen evangelischer Landesherren: Vielfach setzten die kirchlichen Schulen Maßstäbe – im Blick auf ihr geistiges Profil, oft auch im Blick auf die Leistung der Schüler. Nicht zu vergessen: Auch in den evangelischen Pfarrhäusern wurde das Bildungsideal hochgehalten. Nicht wenige Kinder von Pfarrern wurden als Wissenschaftler und Vordenker bekannt.

Konfirmationskurse und Religionsunterricht vermitteln Kenntnisse über das Christentum. Allerdings erschöpfen sie sich nicht in Problemerörterungen (so wenig wie früher in der Anhäufung von Katechismuswissen), sondern sie laden – beim Religionsunterricht mit Einschränkungen – zum Glauben ein. Mit den Informationen stellt sich der Glaube zwar nicht „automatisch" ein, aber ohne Wissensvermittlung bliebe der Glaube letztlich diffus.

Wer sich in die Traditionen von Judentum und Christentum, in die Botschaft Jesu, in das Geheimnis von Tod und Auferstehung vertieft, wird auch heute immer wieder auf die Einschätzung von „Lehrern", von Fachleuten zurückgreifen (müssen). Die Aneignung gewisser Grundlagen des Glaubens ist wichtig, denn das Christentum ist – wie auch das Judentum und der Islam – eine Buchreligion. Wesentliche Zeugnisse des christlichen Glaubens sind uns in der Bibel überkommen. Diese Traditionen zu erschließen und mit der persönlichen Situation zu verknüpfen ist Kern der religiösen Sozialisation.

„Information bedeutet Horizonterweiterung – und zwar immer auf Kosten der Nestwärme", schrieb einmal der Kulturjournalist Hans-Jürgen Schultz. „Sie ist eine Nötigung, anderem, fernem und fremdem Geschick und Geschehen Aufmerksamkeit zu widmen." Erst Wissen erlaubt es, eine eigene Position in religiösen Fragen zu finden. Die traditionelle Argumentation, dass Glauben und Wissen Gegensätze seien, ist längst überholt. Beide Seiten ergänzen sich offensichtlich.

Solange die großen Kirchen hierzulande noch stark den Traditionen der Volkskirche verhaftet waren und solange Menschen in ihnen halbwegs erwartbar von der Taufe über die Konfirmation zur Trauung und darüber hinaus ihren religiösen Lebensweg gingen, konnte man von einem breiteren religiösen Wissen ausgehen. Diese Grundlagen sind geschwunden. Die Gemeinden können gar nicht anders, als sich gezielt um die Vermittlung von Inhalten zu bemühen.

Eduard Kopp

Das Wort klingt nach Schuld und Strafe. Dabei ist die Gnade Gottes für Christen ein Lebenselixier. *Und obendrein erhält der Mensch sie als Geschenk*

Geht es nicht auch ohne Gnade?

Ein junges Paar will heiraten und besucht den Pfarrer. Der fragt nach der Begrüßung: „Haben Sie sich schon einen Trauspruch ausgesucht?" – „Ja, eigentlich schon…", sagt die Frau, „aber…" Der Mann unterbricht sie: „Eigentlich geht der nicht!" – „Doch", widerspricht die Frau, „der muss gehen!" Sie hatten sich einen Vers aus dem 54. Kapitel des Buches Jesaja ausgesucht: „Es sollen wohl Berge weichen und Hügel hinfallen, aber meine Gnade soll nicht von dir weichen, spricht der Herr, dein Erbarmer."

„Wo liegt das Problem?", fragt der Pastor. Der Mann sagt, das mit der „Gnade" müsse ja nicht sein. „Da muss ich immer an einen König denken, vor dessen Thron ein Strauchdieb gezerrt wird, und der König lässt ‚Gnade vor Recht' ergehen und schlägt dem Dieb nur eine Hand ab statt beider."

Das Wort Gnade hat keine Konjunktur in dieser Zeit. Es klingt schwächlich. Heute wollen die Menschen souverän sein, allenfalls selbst einmal Gnade gewähren, aber nicht auf die Gnade anderer angewiesen sein. Aber: „Gnade" ist ein, wenn nicht sogar das Hauptwort der christlichen Tradition. Ein Unwort für moderne Menschen?

Besonders in der Theologie des Apostels Paulus spielt „Gnade" (griechisch: charis) die überragende Rolle: Einhundert Mal kommt es in den Briefen dieses Apostels vor, nur halb so oft im ganzen übrigen Neuen Testament. Immer wieder schärft Paulus ein: Dass wir leben können und dürfen, ist ein reines Geschenk der Gnade Gottes. In polemischer Abgrenzung gegen das zeitgenössische Judentum mit seinem Opferkult behauptete der rastlose Apostel: Gnade ist ein Geschenk. Wir können nichts, rein gar nichts selbst dazu beitragen.

Wir können Gott nicht gnädig stimmen, zum Beispiel durch Opfer, sondern wir empfangen alles aus der Güte Gottes. Sehr prägnant hat Paulus das im Ersten Korintherbrief (4,7) formuliert: „Was hast du (Mensch), das du nicht empfangen hättest? Und hast du es empfangen, was rühmst du dich wie einer, der nicht empfangen hat?"

Immer wieder gab es in der Kirchengeschichte seither Auseinandersetzungen darüber, was es mit dem Empfang der göttlichen Gnade auf sich habe. Ob man nicht doch etwas tun müsse, damit die Gnade wirken könne? Ob man nicht den übergroßen, allmächtigen Gott doch durch gute Werke gnädig stimmen müsse, quasi als Zünglein an der Waage, um Gnade für sein Leben zu erlangen? Den jungen Mönch Martin Luther quälte die Frage sehr: „Wie bekomme ich einen gnädigen Gott?" Die Kirche seiner Zeit bot Ablassbriefe an und „verkaufte" so ewiges Seelenheil. Daran konnte und wollte Luther nicht glauben. Nach langen inneren Kämpfen kam der junge Mönch zu der erlösenden Erkenntnis: Er muss sich den gnädigen Gott nicht verdienen, im Gegenteil: Gott ist gerade dem Sünder gnädig, dem Menschen, der unvollkommen ist.

In der Moderne verliert Luthers Antwort an Strahlkraft, denn die Frage nach dem „gnädigen Gott" wich zwei anderen Fragen. Erstens: Gibt es Gott? Wer diese Frage, aus welchen Gründen auch immer, für sich verneint, steht sogleich vor der zweiten Frage: „Was ist der Sinn meines Lebens?" Die meisten modernen Menschen haben den Ehrgeiz, den Sinn ihres Lebens selbst zu „machen" und zu bestimmen. Selbstbestimmung gilt durchweg als positiver Begriff. Ein Leben aus Gnade scheint diesem Lebensgefühl entgegenzustehen. Das ist der Grund, weshalb der Bräutigam auch das Bibelwort der Gnade als Trauspruch ablehnte. Hat er recht?

Viele religiöse Begriffe scheinen heute überholt zu sein. Aber in Wirklichkeit kommt es darauf an, ihren tiefen, eigentlichen Gehalt neu zu erschließen. Gelingt dies, dann hat religiöse Sprache auch den Menschen etwas zu sagen, die von sich meinen, Religion sei für sie ohne Bedeutung. Das Wort Gnade steht so für eine Grunderfahrung menschlichen Lebens: Das, wovon wir eigentlich leben, können wir weder kaufen, herstellen noch verdienen – nicht die Liebe noch die Freundschaft, nicht die Anerkennung noch Vergebung anderer Menschen. Die elementare Erfahrung, dass uns das Wesentliche im Leben geschenkt wird, ist der Kern der christlichen Rede von der Gnade.

Erfahrungen der Abhängigkeit und Fremdbestimmung macht jeder Mensch, egal aus welcher Tradition er kommt. Natürlich kann er sie auch als reinen Zufall oder als Schicksal beschreiben. Christen glauben, dass sie aus Gnade leben. Mögen da Berge weichen oder Hügel fallen.

Reinhard Mawick

„Sind so kleine Füße…", sang
man einst, denn Kinder galten als
Inbegriff der Unschuld.
Dabei gibt es gute Gründe, sie als
sündig anzusehen

Sind wir von Geburt an Sünder?

„Sind so kleine Hände, winz'ge Finger dran. Darf man nie drauf schlagen, die zerbrechen dann. Sind so kleine Füße mit so kleinen Zeh'n. Darf man nie drauf treten, könn' sie sonst nicht gehn." So dichtete 1978 die Liedermacherin Bettina Wegner über die Kinder, die – unbelastet von den Einflüssen der Erwachsenenwelt – ins Leben starten. Solche Lieder haben lange Zeit unsere Vorstellung vom unschuldigen Kind geprägt.

Aber es gibt auch solche Meldungen: Ein Grundschüler sticht seine Lehrerin nieder; ein Junge, mitten in der Pubertät, läuft Amok in der Schule; Mädchen quälen eine Außenseiterin. Die Vorstellung von der reinen Kinderseele lässt allzu viele Fragen offen. Psychologen und Pädagogen müssen sich ganz schön ins Zeug legen, um die Ursachen der Gewalt von Kindern und Jugendlichen zu erklären. Mal suchen sie die Gründe in einer zerrütteten Familie, mal im Leistungsdruck in der Schule, mal in genetisch bedingter Verhaltensauffälligkeit. Ist das unsoziale Verhalten, zumindest in manchen Fällen, von Anfang an da?

In der alten christlichen Lehre gilt der Mensch von Geburt an als Sünder. Entgegen einem verbreiteten Missverständnis bezeichnet das Wort Sünde allerdings nicht die einzelne moralische Verfehlung, sondern etwas Grundsätzliches: die Entfremdung des Menschen von Gott. Entfremdung bedeutet hier: Der Sünder verschließt sich für das, was Gott ihm sagen will. Das heißt: Er überhört die innere Stimme, die ihn an das erinnert, was moralisch geboten wäre, zum Beispiel achtsam mit anderen Menschen umzugehen.

Sünde kann aber auch die Deformation einer ganzen Gesellschaft bezeichnen. Das heißt: Kinder werden in soziale Verhältnisse geboren, die es ihnen schwer machen, gute Menschen zu werden. Die christliche Tradition sagt deshalb: Jeder Mensch kommt im Machtbereich der Sünde zur Welt. Das Kind selbst ist daran unschuldig. Es steht gleichwohl im Bann der Sünde.

Ein biblischer Mythos erzählt, wie die Sünde entstand. Adam und Eva lebten im Paradies in Einklang mit Gott. Die Schlange, Symbol der Zerstörung, verführte die beiden dazu, von der Frucht eines Baumes zu essen, deren Genuss ihnen Gott verboten hatte. Die Schlange stellte ihnen etwas Verlockendes in Aussicht: zu sein wie Gott und also Gutes und Böses zu erkennen. Von dieser Aussicht verführt, missachteten Adam und Eva das Verbot. Und was erkannten sie? Dass sie nackt und bloß, also schutzlos waren. Deshalb versteckten sie sich vor Gott (1. Mose 3).

Nach dieser Geschichte entsteht Sünde aus dem Wunsch, wie Gott sein zu wollen: unfehlbar, unverletzlich, unsterblich. Der Kirchenlehrer Augustin (354–430) nannte diese Sünde die „Ursprungssünde" (lateinisch: peccatum originalis). Seine Auffassung: Dieser Sündenfall ereigne sich täglich von neuem und zwar im Leben jedes einzelnen Menschen. Diese Ursünde ist also kein einmaliges historisches Ereignis. Irreführend ist deshalb die deutsche Übersetzung des Wortes mit „Erbsünde".

Der Reformator Martin Luther (1483– 1546) machte sich wenig Illusionen über die Fähigkeit des Menschen, sich grundlegend moralisch zu bessern. Der Mensch sei so in der Sünde gefangen, dass er sich nicht aus eigener Kraft befreien könne. Gerade diejenigen, die sich um moralische Perfektion bemühten, stünden besonders in Gefahr, eitel und arrogant zu werden, warnte Luther. Viel besser ergehe es denen, die um ihre eigene Fehlerhaftigkeit wissen und sich deshalb mit moralischen Urteilen über andere zurückhalten. Luther ließ seiner Verachtung für Scheinheiligkeit gern und oft freien Lauf. Einmal schrieb er sogar: „Pecca fortiter!" Auf Deutsch: „Sündige stark – doch glaube noch stärker an Christus, den Sieger über alle Sünde." Wer hart mit sich ins Gericht gehe, brauche nicht zu verzweifeln. Sein himmlischer Richter, Christus, sei gnädig und rechne dem reuigen Sünder seine Schuld nicht an.

Mit sich ins Gericht gehen oder schon von vornherein auf die Stimme des Gewissens hören – das kann aber nur, wer es auch gelernt hat. Je kleiner Kinder sind, desto mehr sind sie daher Opfer der Umstände, in denen sie aufwachsen. Sie können wenig dafür, wenn sie die Laster ihrer erwachsenen Umgebung nachahmen. Kinder müssen Regeln respektieren lernen. Eine Chance, das zu lernen, haben sie nur, wenn sie durch Liebe und Zuwendung eine starke Selbstsicherheit entwickeln, nicht aber, wenn sie mit Schuldgefühlen überfordert und eingeschüchtert werden.

In Kindern reift das Bewusstsein für das, was sie anderen Menschen an Verletzungen zufügen, allmählich heran. Sie sind nicht im vollem Maße schuldfähig. Erst der mündige Mensch muss für seine Sündhaftigkeit geradestehen. In Sünde lebt er aber schon von Geburt an.

Burkhard Weitz

*Auch Christen haben manchmal
ein gespanntes Verhältnis zur Ironie,
wenn es um ihren Glauben geht.*
Blasphemie oder Kunst –
*das ist die Frage. Die Einschätzungen
gehen oft weit auseinander*

Erträgt die Kirche Satire?

Die Folgen waren absehbar – nicht in ihrem ungeheuren Ausmaß, aber in ihrer reflexhaften Art. Denn so, wie der dänische Karikaturist Kurt Westergaard den Propheten Allahs, Mohammed, gezeichnet hatte, konnten gläubige Muslime nur erbost sein: Im Turban des bärtigen Mannes ist eine Bombe versteckt, oben schaut eine brennende Lunte heraus. „Jyllands Posten", eine konservative dänische Tageszeitung, hatte diese Karikatur zusammen mit elf weiteren gedruckt. Eine zeigt den auf Wolken stehenden Propheten, wie er eine anstürmende Schar erregter Selbstmordattentäter mit den Worten empfängt: „Halt, halt! Die Jungfrauen sind vergriffen."

Zwölf Mal Mohammed, zwölf Mal Satire. Prompt protestierten muslimische Verbände in vielen Ländern der Welt. Im Nahen und Mittleren Osten kam es zu gewaltsamen Demonstrationen, zur Zerstörung dänischer Botschaften und zum Boykott europäischer Exportgüter.

Beileibe nicht alle Menschen können es ertragen, wenn man sich über ihren Glauben lustig macht. Auch die Kirchen beklagen häufig Grenzüberschreitungen in Satire und Comedy, Film und Kunst. Wenn der österreichische Karikaturist Gerhard Haderer Jesus Christus auf einem Surfbrett über das Wasser gleiten und sein Gewand als Segel benutzen lässt, ist das ein spöttischer Umgang mit der Kernperson des Christentums. Dies wird manche Betrachter verletzen, andere zum Nachdenken über ihre eigenen religiösen Vorstellungen motivieren.

Im konkreten Fall begründeten Muslime ihre Proteste damit, dass es verboten sei, den Propheten Mohammed im Bild zu zeigen. Dieses Bilderverbot hatte aber den Grund, die Anbetung beziehungsweise übertriebene Verehrung des Propheten zu verhindern. Diese Verehrung stehe ausschließlich Allah zu.

Es hat wohl eher mit ihrem außerordentlichen Respekt für den Religionsstifter Mohammed zu tun, dass viele Muslime auf Satire ganz und gar humorlos und vielfach aggressiv reagieren. Sie machen, anders als es im christlichen Kulturraum üblich ist, kaum einen Unterschied, ob sich die Satire gegen Gott (beziehungsweise einen Propheten) oder aber gegen die menschlich, allzu menschlichen Verhaltensweisen der Gläubigen richtet. Da wissen Christen durchaus zu unterscheiden: Wenn Satiriker mit dem ans Kreuz geschlagenen Sohn Gottes derbe Späße treiben (so zeigte das Satireblatt „Titanic" einmal auf der Titelseite den gekreuzigten Christus als Toilettenpapierhalter), dann ist das nicht hinnehmbar. Geht es um die Ironisierung von Frömmelei, religiöser Naivität oder doppelter Moral, so können auch fromme Christen lachen.

Blasphemie, also Gotteslästerung, ist durchaus ein Thema für die Kirchen, wird aber im deutschen Strafrecht inzwischen nicht mehr uneingeschränkt sanktioniert. Die Beschimpfung von Bekenntnissen beziehungsweise von Religionsgemeinschaften (Paragraph 166 Strafgesetzbuch) ist nur dann strafbar, wenn sie „geeignet ist, den öffentlichen Frieden zu stören". Kampagnenartige Proteste konservativer religiöser Gruppen sind aber noch kein Beweis für einen tatsächlich gestörten öffentlichen Frieden.

Die Grundrechte der Religionsfreiheit und der Kunstfreiheit sind hohe Güter. Es bedarf großer Sorgfalt, diese beiden Rechtsgüter auszutarieren. Die Kirchen tun gut daran, überzogene Satire zu kritisieren. Und sie pochen mit Recht darauf, dass Journalisten ihre eigenen Berufsregeln einhalten und zum Beispiel nichts veröffentlichen, was das „religiöse Empfinden" von Personengruppen erheblich verletzen könnte (Deutscher Pressekodex).

Religionsgemeinschaften können in unserer Gesellschaft also Respekt erwarten – aber kein Satireverbot für religiöse Themen und schon gar nicht die unreflektierte Übernahme ihrer Auffassungen. Die westlichen Demokratien können und wollen nicht hinter die Epoche der Aufklärung und die damit verbundene Hochachtung der Meinungs- und Kunstfreiheit zurückfallen.

Eduard Kopp

Utensilien für die Zen-Meditation
gibt es heute schon im Baumarkt
zu kaufen – religiöse Gefühle gegen
klingende Münze. Und aus
dem Popstar Madonna wird Esther.
Mystik verkauft sich eben gut

Ist Mystik nur eine Mode?

Madonna, der Popstar, bekennt sich neuerdings zur jüdischen Mystik. Bewunderte sie noch vor wenigen Jahren Maria, die Mutter Jesu, wandelt sie heute auf dem Glaubensweg der Kabbala und möchte in Zukunft Esther genannt werden. Sie rechnet sich dem Jewish Renewal zu, einer religiösen Reformbewegung in Kalifornien, die althergebrachte jüdische Traditionen für ökologische und feministische Gedanken öffnete und mit buddhistischer Meditation sowie hinduistischer Seelenwanderung zusammenbringt. Nach jüdischer Glaubensüberzeugung ruht am Sabbat die Arbeit, und auch Madonna-Esther rührt dann kein Mikrophon an.

Der Mystiktrend hat inzwischen auch Einzug in Baumärkte gehalten: Es gibt Tischtabletts nach Art buddhistischer Meditationsgärten zu kaufen. Auf ihnen lässt sich weißer Sand mit einem Minirechen um Kiesel herum in feinen Linienmustern verteilen. In Wirklichkeit sind solche Gärten viel größer und erlauben asiatischen Mönchen und ruhebedürftigen Europäern, bewegungslos über Stunden davorzusitzen. Im fein geharkten Sand, in dem die Natur völlig beseitigt ist, vermögen sie eine Einladung zu sehen, aus ihren Köpfen alle Inhalte zu vertreiben, und sie hoffen dann darauf, dass in diese Leere Erleuchtung falle.

Auch für Jugendliche ist der Begriff „mystisch" kein Fremdwort. Die Firma Nintendo ist mit ihrem Computerspiel „mystic quest" seit Jahren auf dem Markt, ein Spiel, in dem es jede Menge Tempel, Fabelwesen und Streitkräfte gibt, wobei auffällt, dass manches mystisch genannt wird, was eigentlich mythisch ist, also mit alten Erzählungen zu tun hat.

Mystik, aus dem Griechischen und Lateinischen zu übersetzen als „Geheimlehre", ist eine Form der Frömmigkeit, bei der Menschen vor allem durch Versenkung und Meditation zur Begegnung mit Gott gelangen wollen. Wer sich auf diesen Weg begibt, strebt nach besonderen Erfahrungen und Erlebnissen, nicht nach intellektueller Klarheit. Häufig befinden sich die Mystiker deshalb in einer Gegenposition zu den Intellektuellen und Gesetzeslehrern ihrer Religionsgemeinschaften.

Die christliche Mystik, die im 12. und 13. Jahrhundert ihre Hochphase hatte, gewinnt gegenwärtig im Sog der kirchendistanzierten Religionsneugier wieder an Bedeutung. Zudem bringt der Asientourismus Europäer vermehrt in Kontakt mit Hindus und Buddhisten, bei denen Asketen – auch sie sind Mystiker – besondere Wertschätzung genießen.

Mystiker berichten davon, dass sie nach langer, mühevoller Meditation oder auch völlig unerwartet und ohne Vorbereitung das ersehnte religiöse Erlebnis hatten. Sie beschreiben ihre Gottesbegegnung als intensiven Glücksmoment oder als Ekstase, als stürmische Zuneigung Gottes zu ihrer Person oder schlicht als Bewusstseinserweiterung. Eine ekstatische Gotteserfahrung machte auch Teresa von Ávila, die christliche Mystikerin schlechthin. Der Barockbildhauer Gian Lorenzo Bernini (1598–1680) stellte diesen Moment in einer berühmten Marmorplastik dar, die heute in der römischen Kirche Maria della Vittoria anzuschauen ist: Teresa liegt mit leicht geschlossenen Augen, innerlich aufgewühlt da, ein Engel zielt mit einem Liebespfeil auf ihr Herz.

Manche Menschen, die auf der mystischen Suche nach Gott sind, vernachlässigen ihre sozialen Beziehungen, andere fühlen sich durch „innere Stimmen" gerade gedrängt, politisch Position zu beziehen. So forderte die Ordensfrau Katharina von Siena im 14. Jahrhundert aufgrund religiöser Erfahrungen den Papst zum Krieg gegen die Türken auf, und Martin Luther begründete seinen Aufruf, den Aufstand der Bauern mit Gewalt zu unterdrücken, mit einer Eingebung Gottes. Anders als Buddhisten oder Hindus sehen nur wenige Christen ihr Ziel darin, sich selbst in einen Zustand ohne Gefühle zu versetzen. Es widerspräche dem Prinzip der Nächstenliebe.

Die Namensliste der Mystiker ist lang. Der Italiener Franz von Assisi, der den Tieren predigte, zählt dazu wie auch der deutsche Ordensmann Meister Eckhart, der jüdische Philosoph Martin Buber ebenso wie der libanesische Dichter Khalil Gibran, der französische Jesuit Teilhard de Chardin und auch der Gründer der Herrnhuter Brüdergemeine, Nikolaus von Zinzendorf. Dorothee Sölle, die politische Theologin, hat mehr als drei Jahrzehnte ihres Lebens darüber nachgedacht, wie ein zugleich mystisches und politisches Christentum aussieht.

Ist Mystik eine Mode? Im Fall von Madonna und der Spielzeug-Zengärten vermutlich ja. Doch in den Religionen gibt es die Mystik schon immer als ernsthafte Strömung. Der katholische Theologe Karl Rahner ging sogar so weit zu sagen: „Die Kirche der Zukunft wird mystisch sein – oder sie wird nicht mehr sein."

Eduard Kopp

Seit Adam und Eva in den Apfel bissen,

bewegt die Menschen eine **innere Unruhe.**

Sie meldet sich meist zur Unzeit – und mit

quälenden Fragen

Was ist das Gewissen?

Willi Wiberg, sieben Jahre alt, kann nicht einschlafen. Er hat heute jemanden geschlagen, der kleiner ist als er. Diesen kleinen Jungen mit dem Ball! Es ist fast so, als ob irgendetwas Unheimliches im Zimmer wäre. Plötzlich begreift er: Unter seinem Bett ist ein Ungeheuer!

Das Ungeheuer, das Willi Wiberg in Gunilla Bergströms Kinderbuch unterm Bett wähnt, ist sein Gewissen, das ihn drückt. Bergströms Geschichte weist darauf hin: Schon Kinder haben mit jenem wichtigen und oft komplizierten Prozess zu tun, der uns in unseren Gefühlen und Handlungen bestimmt. Etwas, was uns Menschen beschäftigt, seit Adam und Eva im Paradies gegen Gottes Verbot in den Apfel bissen und sich daraufhin ihrer Nacktheit schämten. Was aber ist das Gewissen?

Nach Sigmund Freuds klassischer Definition besteht die menschliche Seele aus drei Machtbereichen, die oft miteinander im Konflikt stehen: Als „Über-Ich" versteht Freud alles, was uns als gut und böse, was uns an Normen und Grundsätzen anerzogen und häufig mit Verboten oder Tabus eingetrichtert wurde. Gegen dieses „Über-Ich" revoltiert immer wieder das „Es". Die „Es"-Sphäre ist für Freud alles Triebhafte im Menschen, alles, was wir ohne Einschränkung ausleben möchten. Gleichsam als Zähmung beider Extreme konstruiert Freud einen dritten Bereich, das „Ich". In der „Ich"-Sphäre bildet sich das, was ein Mensch mit ausreichendem Selbstbewusstsein und mit Realitätssinn als sein Lebenskonzept ansieht. Es ist die Fähigkeit eines Menschen, sich selbst, sein Wollen und sein Verhalten an einem Maßstab zu messen. Der Philosoph Immanuel Kant nannte diesen Entscheidungsprozess des Ichs „das Bewusstsein eines inneren Gerichtshofes des Menschen".

Aber aus welchen Normen und Vorstellungen entsteht dieses eigentümliche Bewusstsein, was sind die Maßstäbe unseres Gewissens? In der alten christlichen Dogmatik heißt Gewissen conscientia, lateinisch für: Mitwissen. Gemeint ist hier das Mit-Wissen mit dem Willen Gottes.

Für den Reformator Martin Luther hatte solches Mitwissen eine ganz besondere Bedeutung. Auch er wollte unbedingt Gottes Willen erkennen und nach ihm handeln. Darüber geriet er in eine schwere Krise, weil er an den starren Glaubensregeln und Bußübungen seiner Zeit scheiterte. Schließlich musste Luther erkennen, dass er die Wahrheit über sein eigenes Leben nicht durch das Ableisten von „guten Werken", durch kirchlich geforderte Buß- oder Gebetsübungen erfahren konnte. Im Gegenteil: Die Menschen, kirchliche Würdenträger natürlich eingeschlossen, erreichen aus eigener Kraft wenig. Sie brauchen gleichsam einen Impuls von außen, einen Impuls, den sie aber aus freien Stücken aufnehmen müssen, damit er ihnen hilft.

Für Luther liegt dieser Impuls im Hören auf Gottes Wort, so wie er es in der Bibel fand. Ihm ging es dabei nicht um eine sklavische Befolgung irgendwelcher Gebote, sondern um eine ehrliche, offene Auseinandersetzung mit dem, was er dort fand, zum Beispiel das Gebot der Nächstenliebe. Die immerwährende kreative Auslegung der Bibel ist bis heute die entscheidende Grundlage christlicher Gewissensbildung. In welcher Haltung und Erwartung die Menschen auf Gottes Wort hören, das ist also der entscheidende Schlüssel zur Bildung eines christlichen Gewissens. Die Freiheit der eigenen Entscheidung ist dabei wichtig, ja unersetzbar.

Ein solches Gewissen kann den Menschen in schwierige Situationen führen. Für Martin Luther war das zum Beispiel die denkwürdige Stunde vor dem Reichstag zu Worms 1521, als der Kaiser ihn zwingen wollte, seinen Ideen abzuschwören. Er aber blieb standhaft und folgte seinem Gewissen: „Hier stehe ich, ich kann nicht anders, Gott helfe mir." Nicht immer ist eine Gewissensentscheidung so dramatisch. Aber immer wieder – das lehrt nicht nur die Bibel, sondern das zeigen auch viele Alltagssituationen – geht es um Grundsätzliches in der Beziehung zu den Mitmenschen, die für Christen die „Nächsten" sind.

So auch bei Willi Wiberg. Er hat einen kleinen Jungen geschlagen, einfach so, im Zorn. Sein Gewissen meldet sich am Abend, und zwar wie ein knurrendes, drohendes Ungeheuer unter dem Bett. Dass er nicht recht gehandelt hat, müssen ihm keine strengen Eltern oder Lehrer sagen, sondern das sagt ihm sein Gewissen. Willi Wiberg sucht den kleinen Jungen und findet ihn. Er versöhnt sich mit ihm und kann dann wieder durchatmen – erleichtert in seiner Seele und endlich wieder mit gutem Gewissen.

Reinhard Mawick

Wenn zwei heiraten, dann wollen
sie ein Leben lang *zusammen-*
bleiben. Trotzdem scheitern viele
Ehen. Auch bei Christen

Dürfen sich Christen scheiden lassen?

„Bis dass der Tod euch scheidet...?" hieß eine Veranstaltung auf dem Deutschen Evangelischen Kirchentag in Köln im Juni 2007. Der Referent, ein bekannter evangelischer Theologe, gab zu: „Ich habe schon oft Paare getraut und dabei gedacht: Denen gebe ich höchstens drei Jahre!"

Leider werden heute sehr viele Ehen geschieden. Das Statistische Bundesamt meldete für das Jahr 2005 die Zahl von 388 451 Eheschließungen und 201 693 Ehescheidungen. Überhaupt scheitert etwa jede zweite Ehe. Nur selten geschieht eine Ehescheidung in völligem Einvernehmen. Meist bleibt mindestens ein Partner verwundet oder gar traumatisiert zurück. Jede Scheidung bedeutet Scheitern an einem großen Lebensprojekt, denn schließlich wollten ja beide Ehepartner bis zum Lebensende zusammenbleiben. Sonst hätten sie nicht geheiratet. Heutzutage „muss" niemand mehr heiraten.

In Deutschland trat 1977 an die Stelle des Schuldprinzips das sogenannte Zerrüttungsprinzip, denn eine klare Schuldzuweisung für das Scheitern einer Ehe ist oft kaum möglich. Der Staat bewertet seither Ehescheidungen nicht, sondern er beschränkt sich auf eine Rolle als Schiedsrichter, indem er Fristen setzt, Versorgungszahlungen festlegt und das Sorgerecht für die Kinder regelt.

Bei der Kirche ist das anders. Sie wertet sehr wohl, wobei es zwischen den Protestanten und Katholiken grundlegende Unterschiede gibt. In der römisch-katholischen Kirche zählt die Ehe zu den sieben Sakramenten. Das heißt, sie gilt zusammen mit der

Taufe, der Firmung, der Eucharistie, der Beichte, der Krankensalbung und der Priesterweihe als besonders heilige Kulthandlung und von Jesus Christus selbst eingesetzt. Bis heute ist deswegen in der katholischen Kirche Ehescheidung untersagt. In ganz besonderen Fällen kann eine Ehe annulliert, für ungültig erklärt werden. Ein katholisches Ehegericht stellt dann fest, dass die Ehe nie bestanden hat.

Für die Reformatoren um Martin Luther war die Ehe hingegen ein „weltlich Ding". Allerdings tat dies ihrer allgemeinen Hochschätzung auch in der evangelischen Kirche keinen Abbruch. Die Ehe galt als gute Gabe Gottes und als Mittel, ungezügelte Sexualität einzudämmen. Schließlich gibt es auch in der evangelischen Kirche Trauungen, obwohl sie strenggenommen nur „Gottesdienste anlässlich einer Eheschließung" sind und nicht sakramentale Handlungen wie zum Beispiel die Taufen.

Die kirchliche Hochschätzung der Ehe stützt sich auf biblische Aussagen zur Ehe, wobei diese keinesfalls eindeutig sind. Im Markusevangelium ist ein berühmtes Wort Jesu gegen die Ehescheidung überliefert: „Was Gott zusammengefügt hat, das soll der Mensch nicht scheiden." (10,9) Ein scheinbar klares Wort. Jesus sagt diesen Satz im Streitgespräch mit Schriftgelehrten, die argumentieren, dass es nach dem Gesetz des Moses im Alten Testament die Möglichkeit gibt, sich scheiden zu lassen. In der Tat war im alten Israel Ehescheidung relativ einfach – jedenfalls für die Männer. Nur sie konnten sich scheiden lassen beziehungsweise ihre Frau verstoßen. Das kam zur Zeit Jesu häufig vor. Viele Frauen gerieten dadurch in großes Elend. So betrachtet hat das Scheidungsverbot Jesu im Markusevangelium nicht das Ziel, das Institut Ehe an sich für heilig zu erklären. Es soll auch für die (Ehe-)Frau einen humanen und sozialen Anspruch gegenüber den (Ehe-)Männern einklagen.

Für eine prinzipielle Verurteilung jeder Ehescheidung bietet dieses berühmte Wort Jesu keine Grundlage. Trotzdem ist das Scheitern einer Ehe eine große Last für alle Betroffenen. Manchmal wird zu früh aufgegeben und zu früh geschieden, weil die Menschen unrealistische Vorstellungen von einer Ehe haben und sich wundern, dass mit den Jahren der Reiz der ersten Verliebtheit nachlässt. In anderen Fällen kann eine Scheidung für beide Partner eine Erlösung bedeuten und die Chance eines Neuanfangs eröffnen. Deshalb gibt es in der evangelischen Kirche sogar Gottesdienste, die anlässlich einer Ehescheidung den Segen für beide Partner erbitten, die jetzt getrennte Wege gehen.

Christen wissen, dass Scheitern in dieser Welt unvermeidbar ist, selbst wenn man sich ganz viel Mühe gibt. Davon ist leider auch die Ehe nicht ausgenommen, denn manchmal scheidet der Tod auch schon im Leben: der Tod der Liebe.

Reinhard Mawick

In Deutschland schwindet der Kinderwunsch. Kinder oder nicht – das hat auch, aber nicht nur mit der wirtschaftlichen Lage zu tun. Lasst euch neugierig auf **das Abenteuer des Lebens** *ein, rät die Bibel*

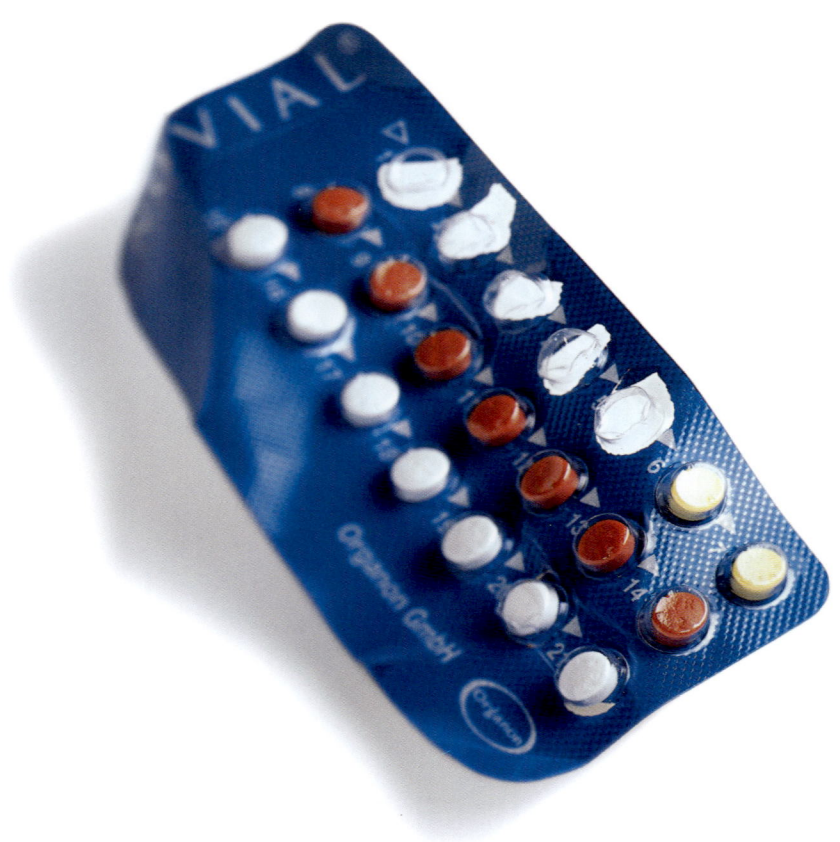

Seid fruchtbar und mehret euch – gilt das noch?

Prinz Michael von Sachsen-Weimar-Eisenach, wohnhaft in Mannheim, hatte seine eigene Strategie, etwas gegen den Kindermangel in Deutschland zu tun. Er wurde Ehrenpate von fünf Kindern, die in Ostheim vor der Rhön getauft wurden. Angekündigt hatte er diesen familienförderlichen Akt ein Jahr zuvor bei einer Festveranstaltung der unterfränkischen Kommune, bei der ihr Bürgermeister über niedrige Geburtenzahlen geklagt hatte. Des Prinzen Angebot: die Kinder im Auge zu behalten und ihnen bei Bedarf finanziell zu helfen.

Die Aufforderung Gottes an die Menschen, fruchtbar zu sein und sich zu vermehren, zählt zu den prägnantesten Sätzen der Bibel – so richtig ernst genommen wird sie heute nicht mehr. Dabei erscheint dieser Appell doch als sehr aktuell: Unsere Gesellschaft plagen Nachwuchssorgen, Schulen werden geschlossen, die Rentenkassen leeren sich.

In zwei Zusammenhängen findet sich im Alten Testament Gottes Aufforderung: „Seid fruchtbar und mehret euch." In der Schöpfungsgeschichte taucht dieser Appell zur Fortpflanzung am fünften Tag im Blick auf die Meeres- und Himmelstiere auf sowie am sechsten in Bezug auf die Menschen (1. Buch Mose/Genesis, Kapitel 1). Noch deutlicher fordert Gott die Menschen nach dem Ende der Sintflut auf, für reichen Kindersegen zu sorgen. Hatte er zuvor die meisten Menschen zur Strafe für ihre Untaten ertränkt und nur die Familie Noahs mit drei Söhnen und Schwiegertöchtern sowie etlichen Tieren in einer Arche überleben lassen, so erging an die Überlebenden zwei Mal der Aufruf: „Seid fruchtbar und mehret euch!" (Kapitel 9).

Für Juden mehr noch als für Christen gilt Kinderreichtum als Zeichen göttlicher Zuwendung und als Lohn für ein gottgefälliges Leben. Es gibt in der Bibel Berichte über glücklose Paare, die nicht mit Kindern gesegnet sind und dies als Strafe Gottes verstehen. Schon dies sind Hinweise darauf, dass es in den Aufforderungen Gottes zur Fortpflanzung um etwas anderes geht als um eine umfassende Strategie zur Bevölkerung der Erde. Der Kern dieses Appells ist vielmehr die Aussage: Diese Schöpfung ist gut, und allen Menschen soll es ein Anliegen sein, dass sie in aller Vielfalt und Schönheit gedeiht.

Fruchtbar zu sein und sich zu vermehren – eine Aufforderung von bleibendem Wert? Mehr denn je. Gerade heute, da das Kinderkriegen keine Selbstverständlichkeit mehr ist wie noch vor zwei, drei Generationen. Da ein Fünftel der jungen Leute in Deutschland sich heute keinen Nachwuchs mehr wünscht. Da Menschen gründlicher als früher abwägen, welchen Weg sie in Liebe, Partnerschaft und Familie gehen wollen.

Partner fragen heute häufiger und intensiver nach der Qualität ihrer Beziehung. Werden Kinder ihre Zweisamkeit verändern? Durchkreuzen sie ihre beruflichen Pläne oder ihre Bildungsziele? Ist es überhaupt verantwortlich, in Zeiten wirtschaftlicher Unsicherheit Kinder zu bekommen? Kinder gelten als Berufshindernis, als wirtschaftliches Risiko, als Zeitfresser, als Störfaktoren in einer immer aufwendigeren Freizeitgestaltung.

Und dann die Gegenszenarien: Arbeitgeber schätzen Angestellte, die Kinder haben, denn wer mit der Versorgung und Erziehung von Kindern zurechtkommt, den wirft so schnell keine Herausforderung aus dem Gleis. Angestellte mit Kindern müssen für ihre Familien sorgen und können nicht beim nächsten Ärgernis einfach aus dem Job aussteigen. Auch die Volkswirtschaft liebt Kinder, denn nur wer geboren wird, kann später auch einkaufen. Doch unabhängig von solchen Erwägungen zeigt sich in vielen Fällen im Wunsch nach Nachwuchs eine vitale Lebensfreude, die sich sachlich gar nicht begründen lässt.

Die biblische Aufforderung „Seid fruchtbar und mehret euch" ist deshalb zeitlos aktuell, weil sie das Signal enthält: Ihr könnt dem Leben vertrauen! Ihr braucht keine Angst zu haben. Die Welt liegt euch und euren Kindern zu Füßen! Dieses befreiende Signal war schon nach den Zerstörungen der Sintflut wichtig. Und das ist es auch heute noch.

Sich der vitalen Kraft des Lebens nicht entgegenzustemmen, sich nicht zu sträuben, sondern dem Leben zu vertrauen: So kann man auch den biblischen Auftrag zur Fruchtbarkeit übersetzen. Das sagen auch die Kirchen. Deshalb heißt es in kirchlichen Erklärungen geradezu regelmäßig, wenn es ums Thema Kindermangel geht: Habt keine Angst! Habt Freude am Leben!

Eduard Kopp

Nicht nur muslimisch, sondern auch christlich geprägte Staaten tun sich mit Todesurteilen und Exekutionen *unrühmlich hervor. Das biblische Tötungsverbot hat sich noch keineswegs durchgesetzt*

Was halten Christen von der Todesstrafe?

Es war der erste Tag des muslimischen Opferfestes. Am 30. Dezember 2006, morgens um sechs Uhr, starb Saddam Hussein durch den Strang. Bekleidet mit einem weißen Hemd und einem schwarzen Mantel, an den Händen gefesselt, trat der 69-Jährige sehenden Auges vor den Galgen. Der irakische Exdiktator war umgeben von maskierten Männern. Die legten ihm zuerst ein schwarzes Tuch um den Hals, dann die Schlinge. „Er starb sofort", sagte später ein irakischer Regierungsvertreter. „Er zitterte nicht. Er wirkte ruhig und gefasst."

Die Evangelische Kirche in Deutschland (EKD) und der Vatikan kritisierten Todesurteil und Exekution. Der Vatikan verurteilte, dass „ein Verbrechen mit einem anderen Verbrechen bestraft" werde. Der EKD-Ratsvorsitzende, Bischof Wolfgang Huber, betonte, „die Todesstrafe sei keine angemessene Form staatlichen Strafhandelns". Zum Rechtsstaat gehöre der Verzicht auf die Todesstrafe. Deutliche Kritik kam auch von Amnesty International wie auch vom Europarat, der die Exekution als „grausam und barbarisch" bezeichnete.

Tatsache ist: Auch christlich geprägte Staaten verhängen Todesurteile und lassen exekutieren. Schließlich waren es amerikanische Sicherheitskräfte, die Saddam Hussein kurz vor der Exekution an die irakischen Behörden übergaben, wohl wissend, was ihn erwartete. Und es war der amerikanische Präsident George W. Bush, der sich bisweilen als geläuterten Christen bezeichnet, der die Exekution als Meilenstein auf dem Weg zu einem demokratischen Irak bezeichnete.

Das aus den Zehn Geboten der Bibel bekannte Tötungsverbot hat sich also keineswegs durchgesetzt, auch nicht unter Christen. Im Jahr 2005 entfielen 94 Prozent aller Hinrichtungen weltweit auf vier Staaten: China, Iran, Saudi-Arabien und USA. Es wurden mindestens 2148 Menschen in 22 Staaten hingerichtet. An der Spitze stand zwar China mit mindestens 1770 Exekutionen. Doch in amerikanischen Todestrakten sitzen 3400 Menschen und warten auf die Hinrichtung. 1999 war dort ein Jahr mit besonders vielen Exekutionen: fast 100.

Anders als die Kirchen Europas sind jene in Amerika in ihrer Einstellung zur Todesstrafe gespalten. Während zum Beispiel die meisten evangelikalen Christen rechtskonservativ sind und mehrheitlich für die Todesstrafe eintreten, haben die römisch-katholische und die Evangelisch-Lutherische Kirche in Amerika (ELKA) die Todesstrafe geächtet. Bemerkenswert aber auch: Der katholische Weltkatechismus von 1992 rückt erst seit seiner Neuauflage von 2003 deutlicher von der Todesstrafe ab. Diese war übrigens erst im Jahr 1969 im Vatikanstaat per Gesetz abgeschafft, 2001 auch aus dessen Verfassung gestrichen worden. Das war schon lange überfällig, war doch das letzte Todesurteil im Kirchenstaat im Jahr 1870 vollstreckt worden.

Die überwiegende Mehrheit der christlichen Kirchen benennt heute gleich mehrere Gründe, warum Todesurteil und Exekution nicht zu rechtfertigen sind. Unmittelbar einleuchtend ist dieses Argument: Eine Exekution kann nicht revidiert werden. Urteile können aber Fehlurteile sein, wie das seinerzeit viel diskutierte Urteil im Verfahren gegen Anthony Porter aus dem amerikanischen Bundesstaat Illinois, bei dem die Aufdeckung falscher „Beweise" und skrupelloser Prozessabsprachen dazu führte, dass er nach 16 Jahren Haft im März 1999 als Unschuldiger aus der Todeszelle entlassen werden musste.

Eine Exekution verschließt dem Delinquenten außerdem jede Möglichkeit, Reue zu üben, den angerichteten Schaden wiedergutzumachen und sein Leben neu zu beginnen. Das christliche Menschenbild geht immer von der Möglichkeit aus, dass sich Menschen positiv verändern.

Schließlich: In Judentum und Christentum gilt jeder Mensch als Abbild Gottes. Jeder Einzelne hat einen unersetzlichen Wert. Das ist auch der Grund, weshalb die katholischen Bischöfe Amerikas die Todesstrafe als eine Gotteslästerung verstehen: eine Beleidigung dessen, der die Menschen geschaffen hat.

Normalerweise gedenken Muslime am Opferfest der Rettung eines Menschenlebens. Es geht um die aus der Bibel bekannte Geschichte Abrahams. Er war dabei, seinen Sohn auf dem Altar zu opfern. Aufgrund von Gottes Einspruch ließ er ihn leben. Ein solches Verhalten gegenüber Saddam wäre wahrlich eine große Geste gewesen.

Eduard Kopp

Wer Bettlern Geld gibt, tut Gutes – und geht zugleich ein Risiko ein: Was, wenn der Bedürftige von seinen Einnahmen Schnaps oder Drogen kauft? *Ein hingeworfener Euro* *würde seine Lage dann auf lange Sicht kaum bessern*

Soll man Bettlern helfen?

„Du kannst den reinen Luxus haben, du darfst nur kein Problem damit haben, dass du ein Schmarotzer bist", erzählte Anja einem Reporter. Und über die Anbiederung beim Betteln sagte sie: „Ich bin schon im Schleim ersoffen beim Schnorren, aber in drei Stunden hab ich 70 Mark zusammen."

Anja war Bettlerin. Sie gab ihr Interview, als sie 15 Jahre alt war, drei Jahre vor ihrem Tod. Als 13-Jährige war sie der bürgerlichen Enge daheim im Odenwald entflohen. Sie bevorzugte das Leben unter bettelnden Punks und geriet in eine Abwärtsspirale. Fünf Jahre überlebte Anja auf der Straße. Ihre Mutter, zu der sie ein gutes Verhältnis hatte, versuchte, sie heimzuholen. Sie kämpfte um Anja. Vergeblich. Mit 18 Jahren setzte sich das Mädchen den goldenen Schuss, eine Überdosis Heroin.

Vielleicht wäre Anja noch am Leben, wenn sie nicht so großen Erfolg beim Betteln gehabt hätte. Das Leben auf der Straße erschien ihr von Anfang an so einfach, dass ihre Mutter sie nicht von den Vorzügen des bürgerlichen Lebens überzeugen konnte. Dies wurde Anja zum Verhängnis.

Soll man Bettlern vorbehaltlos helfen? Oder soll man abwägen, ob sie wirklich das Geld brauchen? Sozialarbeiter warnen oft davor, Bettlern großmütig Geld zuzustecken. In Deutschland gebe es ausreichend staatliche Hilfe für Bedürftige. Wer Bettler unterstütze, verstärke ihre Unfähigkeit, Struktur in ihr Leben zu bringen, Behördengänge zu planen oder die Hilfe von Beratern in Anspruch zu nehmen. Schlimmstenfalls unterlaufe der Spender Versuche, die Lage des Bettlers von Grund auf zu ändern.

Nord- und Mitteleuropäern aus protestantisch geprägten Regionen eilt der Ruf voraus, gegenüber Bettlern hartherzig und überheblich zu sein. Sie würden den Bettlern viel zu häufig unterstellen, vom eingenommenen Geld nicht etwa Nahrung, sondern Alkohol zu kaufen. Mehr noch: Sie wollten Bettler dazu erziehen, ihr Leben selbst in die Hand zu nehmen, auf der Straße deshalb lieber gar nichts geben und ihre Spenden allenfalls an Hilfsorganisationen überweisen.

Tatsache ist: Protestanten haben im Laufe der Jahrhunderte ein Denken ausgeprägt, das Außenstehenden auf den ersten Blick hartherzig vorkommen könnte. Sie berufen sich dabei gar auf Bibelzitate. So heißt es bei Paulus im 2. Thessalonicherbrief (3,10): „Wer nicht arbeiten will, der soll auch nicht essen." Da kommt schnell die Vermutung auf: Entweder knüpfen Protestanten ihre Hilfe an Forderungen oder sie unterstützen andere nur dann, wenn es Hilfe zur Selbsthilfe ist.

Zu den Werken der Gerechtigkeit, in denen sich Christen nach dem Matthäusevangelium (Kapitel 25) bewähren müssen, zählt tatsächlich nicht, dass man Bettlern Geld geben muss. Vielmehr sollen Christen Hungrige speisen, Durstigen zu trinken geben, Fremde bei sich aufnehmen, Nackte bekleiden sowie Kranke und Gefangene besuchen. Und so ist es historisch immer gewesen: Protestanten organisieren seit Jahrhunderten kostenlose Essensausgaben, helfen bei der Integration von Fremden, bauen Krankenstationen und resozialisieren Strafgefangene. Wenn es um solche Hilfen geht, waren und sind Protestanten schon immer ausgesprochen großzügig.

Vielleicht verhalten sich Protestanten trotz allem Großmut und bei aller Effizienz ihrer Hilfe zuweilen überheblich. Vielleicht haben sie eines zu wenig gepflegt: sich spontan vom Elend anderer anrühren zu lassen. Denn auch dies ist eine christliche Tugend. Sie wird auf eindrucksvolle Weise in einer Heilungsgeschichte im Markusevangelium (1, 40 – 42) beschrieben. Da bat ein Aussätziger Jesus um Hilfe. Den ergriff ein starkes Mitgefühl, wörtlich übersetzt: „Es traf ihn in die Eingeweide." Diese Haltung gilt im Christentum als vorbildlich.

„Einen fröhlichen Geber hat Gott lieb", schreibt Paulus im 2. Korintherbrief (Kapitel 9). Ausdrücklich wehrt der Apostel das Missverständnis ab, man solle spenden, um sich ein schlechtes Gewissen zu ersparen. Im Islam zählt die Armenabgabe zu den Hauptgeboten der Religion. Doch für Christen besteht nicht ausdrücklich die Pflicht, Bettlern ein paar Münzen zuzuwerfen. Aber es gibt ja vielfältige Wege der Hilfe: Ob man mit dem Bettler das Gespräch sucht, ihm etwas Geld zukommen lässt oder ihn zum Essen oder ins Kino einlädt, das mag jeder selbst entscheiden.

Burkhard Weitz

Eine Sahnetorte zu viel, eine unerlaubte Liebelei:
Solche Sünden haben einen großen Unterhaltungswert.
Wenn Religionen Grenzen ziehen, *dann aus einem*
ganz anderen Grund

Was ist eine Sünde?

„Du bist eine Sünde wert", heißt der Titel eines verheißungsvollen Buches – und er weckt gleich zwei Assoziationen: Hier geht es entweder um Sex oder aber ums Schlemmen. Die Vermutung trügt – es geht nämlich um beides, um sexuelle Verführung auf dem Umweg über die Kochkunst.

„Unter Sünde verstehen die meisten Leute einen Verstoß gegen den Diätplan", sagt der Paderborner Theologe und Therapeut Eugen Drewermann. Ganz offensichtlich trifft er damit ins Schwarze. Selbst Zarah Leanders Lied „Kann denn Liebe Sünde sein?" erreicht heute nicht mehr den Zitationsrang wie die Sünde, die in Konditoreien oder im Schnellimbiss begangen wird. Von der „lässlichen Sünde" des Tortenessens bis zur „Todsünde" der falschen Ernährung belastet heute eine Vielzahl an Fehltritten das Gewissen der Menschen und macht Bußübungen in Form von Waldläufen und Fitnesskursen nötig.

Die monotheistischen Religionen (Judentum, Christentum, Islam) haben ein durchaus ernsteres Sündenverständnis. In diesen Religionen tritt Gott den Menschen persönlich entgegen – mit seiner Liebe und seinen Forderungen, mit Güte und gelegentlich mit Zorn. Zwischen Gott und Mensch gibt es eine individuelle Beziehung. Kündigt der Mensch diese Beziehung auf, begeht er die eigentliche, die größte Sünde: die der Abkehr von Gott. In diesem Sinne kann man sogar sagen, dass es nur eine Sünde gibt: die Störung oder Zerstörung des Verhältnisses zu Gott. In den Zehn Geboten des Alten Testaments beziehen sich nicht zufällig die ersten drei auf den Glauben an Gott, dann folgen die anderen Verhaltensnormen: zum Beispiel die Achtung des Lebensrechts und des Eigentums anderer, die Fürsorge für die Eltern, die Wahrhaftigkeit.

Eine Sünde zieht immer die Beziehung zu Gott in Mitleidenschaft. Wie das? Einerseits gelten die wichtigsten Normen als von Gott gestiftet, andererseits besteht zwischen Gott und Mensch ein Treueverhältnis, wie es in der Bibel besonders schön im Bundesschluss Gottes mit Noah und den Überlebenden der Sintflut erzählt wird, wenn Gott verspricht, nie wieder Mensch und Tier zur Strafe zu ertränken (1. Mose 9).

Im umgangssprachlichen Sinn ist die Sünde hingegen meistens eine Einzeltat. Gerade die katholische Kirche hat der Verbreitung dieser Auffassung Vorschub geleistet, vor allem durch ihre Beichtspiegel, detaillierte Regelwerke zur Erforschung des Gewissens. Manche Erwachsene kommen ein Leben lang nicht von diesem tatorientierten Sündenverständnis weg. Hier sind die konfessionellen Unterschiede besonders deutlich. Während Katholiken beim Thema Sünde stärker die einzelne Tat im Blick haben, betonen Protestanten die „sündige" Grundstruktur der Schöpfung. Das hat mit der ersten Sünde der Menschen im Paradies zu tun, mit Adams und Evas Aufbegehren gegen den Willen Gottes. Paulus, der Theologe des Neuen Testaments, brachte es so auf den Punkt: Die Fehlhandlung eines Einzelnen, nämlich des Adam im Paradies, führte dazu, dass alle Menschen sterben müssen; die Erlösungstat eines Einzelnen, nämlich Jesu Tod am Kreuz, bringt allen das Leben zurück (Römerbrief 5, 18).

Im Vergleich dazu stellt die Erbsündenlehre des Augustinus (354–430), des einflussreichsten Theologen des ersten Jahrtausends, eine fragwürdige, folgenreiche Verengung dar. Danach übertragen Sexualität und Zeugung die Sünde Adams von Generation zu Generation. Es gibt kein Entweichen aus dieser sündigen Verstrickung. Dass die Liebe zwischen Menschen eine von Gott geschaffene und gewollte Urkraft des Lebens ist, konnte Augustinus so nicht sehen. Erfreulicherweise verliert seine Erbsündenlehre an Bedeutung.

Sieben „Todsünden" soll es geben – doch sind sie keine Sünden im eigentlichen Sinn, sondern schlechte Charaktereigenschaften: Hochmut, Geiz, Neid, Zorn, Wollust, Völlerei und Trägheit. Tödlich an ihnen ist, dass sie die Beziehung zu Gott zerstören können. Katholisch gesprochen: Mit einer Todsünde auf dem Gewissen führt der Weg unweigerlich in die Hölle. Evangelisch gesprochen: Es ist wohl kaum „eine Sünde wert", wenn der eigene Glauben zur Disposition steht. Eine neue Speckrolle auf der Hüfte wiegt da weniger schwer.

Eduard Kopp

*Der Bundespräsident kann dafür sorgen,
dass ein früherer Terrorist vorzeitig aus der
Haft freikommt. Aber muss der dafür nicht
erst bereuen? Martin Luther meinte:*

Gnade macht Reue erst möglich

Gibt es Gnade ohne Reue?

Vom Motorrad aus schoss der Mann ins Innere des dunkelblauen Mercedes. Mit 15 Kugeln aus dem Lauf einer Maschinenpistole tötete er am 7. April 1977 den Chauffeur Wolfgang Göbel, den Sicherheitsbeamten Georg Wurster und den Generalbundesanwalt Siegfried Buback. Vermutlich hielt der Täter die Insassen des Wagens für „Schweine in Uniform" und „Charaktermasken". Er hatte verlernt, in ihnen Menschen mit eigener Würde zu sehen.

Einer der Tatbeteiligten war Christian Klar. Ob er selbst schoss oder ein Komplize, darüber schweigt Klar bis heute. Der inzwischen 54-Jährige ist seit bald 25 Jahren in Haft, eine vorzeitige Haftentlassung ist ab 2009 möglich. Nun möchte der Ex-RAF-Terrorist, dass ihm die letzten Jahre seiner Haft erspart bleiben. Er bat den Bundespräsidenten um Begnadigung.

Eine Debatte um Klars Gnadengesuch ist entbrannt. Namhafte Theologen meldeten sich zu Wort und empfahlen dem Präsidenten, Klar nicht eher zu begnadigen, als bis er Reue für seine Taten zeige. Doch setzt Gnade wirklich Reue voraus?

Gnade ist ein zentraler Begriff christlicher Theologie. Als gnädig empfand der Reformator Martin Luther den göttlichen Weltenrichter, der Menschen trotz ihrer Bosheit nicht verurteilt, sondern freispricht. „Rechtfertigung" nannte Luther diesen Vorgang: Gott macht gerecht.

Luthers Rechtfertigungslehre ist der Schlüssel zum Verständnis aller protestantischen Theologie. Aus ihr stammen Unterscheidungen, die heute in der Begnadigungsdebatte hilfreich sind. Zum Beispiel die Unterscheidung von Person und Werk. Gottes Gnade gilt der Person, nicht seinen Taten. Und die Person hat eine Würde (lateinisch: dignitas), auch wenn sie schwerste Verbrechen begeht. Dieser Begriff aus der christlichen Theologie hat Eingang in den ersten Artikel des deutschen Grundgesetzes gefunden.

Luther war überzeugt, die göttliche Gnade befreie Menschen davon, sich selbst rechtfertigen zu müssen. Sie erst mache dem Sünder den Weg zur Versöhnung frei. Demnach setzt nicht die Gnade Reue voraus, sondern umgekehrt: Gnade macht Reue überhaupt erst möglich. Es könnte doch sein, dass ehemalige RAF-Terroristen eine Begnadigung als Entgegenkommen anerkennen und im Gegenzug glaubwürdige Zeichen der Reue setzen. Und dass derjenige, der damals auf den Dienstwagen des Generalbundesanwaltes schoss, sich dann endlich offen zu seiner Tat bekennt.

Natürlich wusste Luther, dass sich Menschen von der Gnade Gottes oder gar dem Entgegenkommen anderer Menschen nicht unbedingt erweichen lassen. Kein Richter spricht einen Straftäter in der Hoffnung frei, dass er danach seine Tat bereut und sich bessert, das wäre naiv. Im Bereich staatlichen Handelns gelten daher nicht religiöse, sondern innerweltliche Regeln. Der Staat muss Menschen mit seinen Gesetzen in Schranken weisen und sie bei Verstößen bestrafen. Wobei heute die Strafen überführte Täter resozialisieren sollen. Zudem müssen Inhaftierte unabhängig von der Schwere ihrer Tat die Aussicht haben, nach Verbüßen der Strafe in Freiheit zu leben – sofern sie niemanden mehr gefährden.

Das Gnadenrecht des Bundespräsidenten ist in dieses innerweltliche Recht eingebunden, es dient als Korrektiv gegen Härten der Rechtsprechung im demokratischen Rechtsstaat. Indem der Bundespräsident einen Mörder begnadigt, kann er selbst einen ersten Schritt auf den Inhaftierten zugehen und ein einseitiges Zeichen der Versöhnung setzen. Er ist in seiner Entscheidung frei. Der Inhaftierte kann ihn weder durch öffentliche Reuebekundungen zum Gnadenspruch zwingen noch durch zur Schau gestellte Unbeugsamkeit daran hindern.

Der Präsident kann sich die Hoffnung zu eigen machen, dass sein Gnadenspruch den Straftäter zu Reue ermutigt. Selbstverständlich kann er aber auch aus pragmatischen Erwägungen vor seiner Entscheidung Zeichen der Reue und des Respekts vor den Opferfamilien verlangen. Zeichen, die ihm erleichtern, eine Begnadigung zu verantworten, und die deutlich machen: Von diesem Inhaftierten geht keine Gefahr für die Gesellschaft mehr aus. Eine notwendige Voraussetzung für die Begnadigung sind solche Zeichen aber nicht.

Burkhard Weitz

„Du sollst dir *kein Bildnis* machen", verlangt die
Bibel. Eine anspruchsvolle Forderung – ist es doch
allzu menschlich, sich Gott in allen Farben auszumalen.
Damit man leichter an ihn glauben kann

Wie sieht Gott aus?

Anna ist sieben Jahre alt. Seit zwei Stunden hat sie sich in ihr Zimmer zurückgezogen. Ihre Mutter fragt sich, was sie wohl treibt, denn es ist so still. Plötzlich kommt Anna aus dem Zimmer geschossen. „Schau mal, was ich Tolles gemalt habe!", sagt sie mit strahlendem Gesicht. Annas Bild ist ein buntes Durcheinander von Farben und Formen. Der Mutter gefällt es. Neugierig fragt sie nach: „Was hast du denn da gemalt?" Anna holt tief Luft und sagt feierlich: „Das ist Gott ... leider hat er nicht ganz aufs Bild gepasst."

Annas Papierbogen hätte doppelt oder viermal so groß sein können. Mit großer Wahrscheinlichkeit hätte sie auch dann gesagt, Gott würde nicht ganz darauf passen. Kinder wissen, dass ihre Vorstellung von Gott nicht mit dem übereinstimmt, was sie von ihm zu Papier bringen. „Gott kann man nicht malen, er ist unsichtbar", protestieren viele Kinder, wenn der Religionslehrer sie bittet, Gott zu malen. Fragt er weiter, wie Gott denn aussehen könnte, malen sie oft fantasievolle Bilder: Gott als himmlisches Flügelwesen, als Erdkugel mit Menschengesicht oder als pustende Sturmwolke – ohne ihre Ansicht zu ändern, dass man Gott eigentlich nicht sehen kann.

„Du sollst dir kein Bildnis noch irgendein Gleichnis machen, weder von dem, was oben im Himmel, noch von dem, was unten auf der Erde, noch von dem, was im Wasser ist. Bete sie nicht an und diene ihnen nicht!", fordern auch die Zehn Gebote (2. Mose 20,4 f.). Da steht nicht, man dürfe gar keine Vorstellung von Gott haben, sondern man solle kein irdisches Bild für Gott halten und es zum Götzen erklären. Genau dies tun Kinder mit ihren Gottesbildern ja auch nicht.

61

Begriffe ohne Anschauung sind leer, sagte schon der Aufklä-
rungsphilosoph Immanuel Kant. Das Gleiche gilt für den Begriff
Gott. Wer diesen Begriff verwendet, muss bereits irgendeine Vorstellung von Gott im Hinterkopf haben. Sonst bleibt unklar, was er
mit diesem Begriff meint. Allerdings muss ihm auch klar sein: Wie
Gott nicht auf Annas Bild passt, so passt Gott auch in kein gedank-
liches Gottesbild.

Künstler aus früheren Zeiten gaben Gott oft die Gestalt eines alten Mannes mit grauem Bart. Möglicherweise verbanden sie damit
die Vorstellung, dass der Ewige das Leben vieler Generationen über-
blicke und dass Gott ein weiser Weltenlenker sei. Andere Künstler
malten an Stelle Gottes ein Auge in einem Dreieck. Gott könne man
nur im Symbol zeigen, meinten sie, weil er sich menschlicher Vor-
stellungskraft entziehe. Das Dreieck repräsentiert die Dreieinigkeit,
das Auge die göttliche Vorsehung. Andere Bilder zeigen Gottes Geist
in Gestalt einer Taube – nach biblischem Vorbild (Markus 1,10).
Am einfachsten scheint es, Bilder vom Mensch gewordenen Gott
zu malen: von Christus. Doch auch Christusbilder sind lediglich
Symbole, Hinweise auf eine möglicherweise ganz andere Gestalt.
In Anlehnung an eine festgelegte Ikonensprache zeigen sie Jesus
als jungen Mann mit schwarzem Bart. Ob Jesus wirklich so aussah,
weiß heute niemand mehr.

Die biblische Mahnung, sich kein Bildnis zu machen und es
anzubeten, bedeutet: Du sollst deine Vorstellung von Gott nicht
mit Gott verwechseln. Diese Mahnung erscheint plausibel, gilt
sie doch auch zwischen Menschen: Du sollst deine Mitmenschen
nicht mit dem Bild verwechseln, dass du dir von ihnen gemacht
hast.

Keine Chance also zu erfahren, wie Gott aussieht? Gott habe
den Menschen zu seinem Ebenbild geschaffen, heißt es in der
Bibel (1. Mose 1,27). Die Bibel stellt damit klar: In jedem Menschen, unabhängig von seinem Erscheinungsbild, spiegelt sich
die Gottheit wider. Man hat daraus oft gefolgert, dass Gott dann

so ähnlich aussehen müsse wie der Mensch. Nicht zufällig malen die meisten Kinder, aber auch die meisten Künstler Gott in Menschengestalt.

Nach biblischem Verständnis verblasst die Ebenbildlichkeit von Gott und Mensch, wenn der Mensch widergöttlich handelt. An ihm lässt sich dann kaum noch erkennen, wozu Gott ihn ursprünglich bestimmt hat. „Christus ist Ebenbild des unsichtbaren Gottes", sagt das Neue Testament (Kolosserbrief 1,15). Mit anderen Worten: Wer seine Gottesebenbildlichkeit wieder zum Strahlen bringe wolle, müsse sein Leben am Vorbild und an der Lehre Jesu Christi ausrichten.

Wer betet, redet mit Gott wie mit einem Menschen. Zu einem Menschen gehören aber ein Gesicht und ein Körper mit Füßen und Händen. Es ist überhaupt nicht verkehrt, sich Gott als menschliches Gegenüber vorzustellen – wenigstens manchmal.

Burkhard Weitz

*Die Kinder in der Bibel sind
selten zu beneiden: Oft bekommen
sie* drakonische Strafen
*und eine schwarze Pädagogik
zu spüren. Dennoch: Auch ihnen
gilt die Liebe Gottes*

Ist Gott kinderlieb?

Es ist eine der beliebtesten und bekanntesten Bibelgeschichten und sie wurde von Künstlern oft illustriert: Ein (bärtiger) Jesus zieht ein kleines Kind zu sich heran und führt es seinen Jüngern als Vorbild vor Augen. So wie dieses Kind, so solltet auch ihr sein! Das hatte einen guten Grund: Die Freunde Jesu hatten sich zuvor den Kopf heiß geredet darüber, wer im Jenseits der Größte denn wohl sein würde. Da konnte Jesus nur die vorbehaltlose Offenheit der Kleinen loben: „Wenn ihr nicht werdet wie die Kinder, werdet ihr nicht ins Himmelreich kommen." Später droht er sogar: Wer Kinder zum Unglauben verführt, soll im Meer ertränkt werden (Matthäus 18).

Eine rührende Geschichte – aber auch eine singuläre. Denn die Bibel geht meist viel ruppiger mit den Kindern um. Straßenkinder zum Beispiel mussten ihren Spott und ihre Häme teuer bezahlen. „Kahlkopf, komm herauf! Kahlkopf, komm herauf!", hatten sie einem Mann hinterhergerufen. Ein dummer Streich. Dumm für sie war allerdings, dass sie nicht wussten: Sie hatten es mit dem Propheten Elischa zu tun. Der kannte keinen Spaß und verfluchte die Kinder „im Namen des Herrn". Und schon kamen zwei Bären aus dem Wald und zerrissen gleich zweiundvierzig Kinder – der Prophet setzte einfach seinen Weg fort (2. Könige 2).

Dass kindlicher Spott solche drakonische Strafe findet, und das ausgerechnet in der Bibel, gibt zu denken, selbst wenn man getrost in Frage stellen darf, dass diese Episode tatsächlich so passiert ist. Sanktionen wie diese gelten heute als Ausweis schwarzer Pädagogik. Aber es kommt in der Bibel noch drastischer: Gott bestraft die Sünden und den Unglauben der Eltern mit dem Tod ihrer Kinder.

Es kommt vor, dass ein uneheliches Kind wie das von König David und Batseba schon eine Woche nach der Geburt stirbt (2. Samuel 12). So werden Kinderleben mit der Moral und dem Glaubensgehorsam der Eltern verrechnet.

Schaut man ins Neue Testament, so findet man auch dort genügend Anlässe, über das Schicksal von Kindern zu erschrecken. Der Kindermord in Bethlehem überschattet die Weihnachtsgeschichte. Oder: Väter, die ihre Familie verlassen, um Jesus zu folgen, werden von ihm enthusiastisch gelobt. Seinem Anhänger Petrus sagt er: „Jeder, der um meines Namens willen Brüder, Schwestern, Vater, Mutter, Kinder verlassen hat, der wird dafür das Hundertfache erhalten und das ewige Leben gewinnen" (Matthäus 19). Einen Schutzraum können die Kinder der Bibel offensichtlich nicht beanspruchen, weder für ihr ungestörtes Heranwachsen noch für ihre Eigenwilligkeiten. Gott liebt die Kinder, wenn sie und ihre Eltern treu zu ihm halten. Es sind Geschichten, die Gottes Allmacht betonen.

Das widerspricht diametral den pädagogischen und religiösen Prinzipien von heute: Offen und geradeheraus sollen Kinder sein, emotional lebendig und willensstark. Solchen Haltungen zollen die biblischen Autoren wenig Anerkennung. Bleibt den Kindern nur eine Rolle als Statisten?

So könnte es aussehen, doch so ist es nicht. Zwar sind der Bibel die modernen Vorstellungen von Kinderrechten und Kinderwürde fremd, doch auch die Kinder der Bibel haben einen unverwechselbaren Platz in der Geschichte Gottes mit den Menschen: Mal sind sie Hoffnungsträger für das Gottesvolk – davon handeln die Geburts- und Erwählungsgeschichten wie die Errettung des Säuglings Mose aus dem Schilfkorb –, mal zeigt sich in Heilungs- oder Auferweckungsgeschichten, dass Gott sich intensiv um sie kümmert. Wenn der Prophet Elias den Sohn einer Witwe (1. Könige 17) oder Jesus den Jüngling von Nain (Lukas 7) zum Leben erweckt, zeigt das mehr als Respekt, nämlich Liebe und Fürsorge. Jesus geht sogar so weit, mit den Kindern über das störrische Verhalten der Großen zu sprechen.

Die Kindergeschichten der Bibel sind trotzdem keine pädagogischen Anleitungen oder psychologischen Fachtexte, sondern sie umrahmen die Kernaussage der Bibel: Alle Sorge Gottes richtet sich darauf, die Menschen auf den Weg des Heils zu lenken. Wie wichtig ihm dies ist, zeigt sich daran, dass er selbst Mensch (und also Kind) geworden ist. Auch wenn sich die Bibel schwertut mit einer vorbehaltlosen Annahme kindlicher Eigenheiten, so sind Kinder doch ein wichtiger Teil des Volkes Gottes. Die Bibel nimmt die Kinder ernst – wenn auch anders, als es die Menschen heute tun.

Eduard Kopp

Viele meinen: **Zur Religion gehört Angst** *notwendig dazu. Im Mittelpunkt ihres Glaubens steht ein Gott, der mit strenger Hand regiert*

Muss man Gott fürchten?

Der Mann wollte reinen Tisch machen und sprach vielen aus der Seele: „Neulich war ich bei einem gruppentherapeutischen Training. Da fragte der Trainer, welche Sätze uns in unserem Leben am meisten eingeschüchtert hätten. Weißt du, was bei mir zum Vorschein kam als die mich einengende, schachmatt setzende Phrase? – Was wird der liebe Gott dazu sagen?"

Diese Sätze veröffentlichte der Freiburger Psychoanalytiker Tilmann Moser 1976 in seinem Buch „Gottesvergiftung". Es löste eine breite Diskussion aus, Moser traf anscheinend das Gefühl vieler Menschen: „Dein Hauptkennzeichen für mich ist Erbarmungslosigkeit", hieß eines seiner Urteile über Gott. Viele pflichteten ihm bei.

Gottesangst, wie sie Tilmann Moser beschreibt, ist keine Erfindung der Neuzeit. Seit Jahrtausenden gibt es Zeugnisse von Menschen, die sich vor Gott und dem Heiligen fürchten, über denen das unberechenbare Verhalten eines übermächtigen Gottes wie ein Damoklesschwert schwebt. Deshalb sind die Worte „Fürchtet euch nicht" in der Bibel eine Standardformel der Engel Gottes, wenn sie mit Menschen Kontakt aufnehmen, am bekanntesten in der Weihnachtsgeschichte, als ein Engel den furchtsamen Hirten die Geburt des Heilands verkündete (Lukas 2,10 – 11).

Im Mittelalter hielten eine ausgeklügelte kirchliche Höllenlehre und ein farbenprächtig entfaltetes Jüngstes Gericht die Massen in Angst und Schrecken. Auch Martin Luther fürchtete die strafende Gerechtigkeit Gottes über alle Maßen. Auch er litt, wie Moser sagen würde, an „Gottesvergiftung". Erst nach langen inneren Kämpfen kam er zu dem Schluss: Gottes Gerechtigkeit will den Menschen befreien und nicht bedrängen. Da erst war ihm, als sei die „Pforte des Paradieses" aufgetan worden. Luthers „Kleiner Katechismus", sein berühmter Leitfaden der christlichen Unterweisung, beginnt die Erklärung der Zehn Gebote in jedem Abschnitt mit den Worten: „Du sollst Gott fürchten und lieben." Dann folgt die konkrete Erläuterung.

Erst die Furcht und dann die Liebe? Diese Furcht hat nichts mit Seelenpein und Herzensangst zu tun, sondern bedeutet größtmögliche Ehrfurcht, nämlich Ehrfurcht vor dem Anderssein. Ehrfurcht, die anerkennt, dass Gott kein Abziehbild des Menschen ist, sondern etwas ganz und gar Anderes. Diese Einsicht ist auch heute Grundvoraussetzung jedes ehrlichen religiösen Bemühens auf den Spuren der Bibel: Gott ist Schöpfer und damit ein klares Gegenüber des Menschen. Dies ist ein, wenn nicht der Kerngedanke des christlichen Glaubens, ohne den sich jeder Glaube selbst aufgibt und zu einer Selbsttherapie des Menschen wird. Mag diese auch noch so inbrünstig mit religiöser Sprache oder Liturgie unterfüttert sein.

Heute fehlt es nicht an Versuchen, den „lieben Gott" möglichst klein zu machen, ja geradezu weichzuspülen und ihn als einen Erfüllungsgehilfen menschlicher Wünsche und Projekte zu verstehen. Aber wenn Gott nur lieb ist, ist er bedeutungslos. Die Autoren der Bibel haben das immer betont. So liest man beim Propheten Jesja (Kapitel 55,8–9): „Meine Gedanken sind nicht eure Gedanken, und eure Wege sind nicht meine Wege, spricht Gott, sondern so viel der Himmel höher ist als die Erde, so sind auch meine Wege höher als eure Wege und meine Gedanken als eure Gedanken."

Ehrfurcht vor Gott zu haben, das heißt für Christen: einsichtig zu sein, dass der Mensch nicht Herr und Meister seines Lebens ist. Zu wissen, dass es keinesfalls nur bedrückend ist, wenn man an persönliche Grenzen geführt wird. Es heißt aber auch: keine Selbstüberforderung durch überzogene Normen und übertriebene Ziele. Christen setzen Zuversicht und Vertrauen auf Gott, so, wie es im

Hebräerbrief des Neuen Testaments steht: „Es ist aber der Glaube eine feste Zuversicht auf das, was man hofft, und ein Nichtzweifeln an dem, was man nicht sieht" (Kapitel 11, 1).

Tilmann Moser, der Psychotherapeut, hat sich weiter mit dem Thema „Gottesvergiftung" beschäftigt. Kürzlich veröffentlichte der Autor des aufsehenerregenden Buches von 1976 einen neuen Band unter dem vielsagenden Titel: „Von der Gottesvergiftung zu einem erträglichen Gott" (Kreuz-Verlag). Darin schreibt er: „Ich kann nur sagen, dass ich offen bin für das Transzendente." Und schon einige Zeit zuvor hatte er festgestellt: „Der Bezug auf Gott wirkt wie ein Gegengift gegen Hochmut. In der ‚Gottesvergiftung' komme ich mir heute ein Stückchen hochmütig vor."

Muss man Gott fürchten? Nicht im Sinne von „Angst haben". Aber recht verstandene Gottesfurcht sollte nach christlichem Verständnis zum Selbstbild gerade des modernen Menschen gehören, weil er sich sonst in den Weiten seiner selbst erschaffenen Welten zu verlaufen droht.

Reinhard Mawick

Sein Tod vor 2000 Jahren soll bis heute den Menschen zugutekommen – rein logisch eine schwierige Vorstellung. Sagen wir es so: Der Tod Jesu *hält das Bewusstsein dafür wach, wie stark Gottes Liebe ist*

Ist Jesus für uns gestorben?

Sekunden bevor der Schuss fällt, springt er vor den Popstar – und wird getroffen. Zwar überlebt Frank alias Kevin Costner im Hollywoodfilm „Bodyguard" das Attentat auf Rachel alias Whitney Houston, aber es hätte leicht schief gehen können. Dass jemand sein eigenes Leben und seine Gesundheit für den Schutz eines anderen einsetzt, nötigt uns Respekt ab, auch wenn es ausdrücklich zu seinem Berufsrisiko gehört.

Was kann es dem gegenüber bedeuten, dass Jesus, und zwar bereits vor 2000 Jahren, für die Menschen von heute gestorben sei? Diese Auffassung gehört jedenfalls zu den zentralen christlichen Glaubenssätzen. Wörtlich steht im Nizäischen Glaubensbekenntnis: „Jesus Christus wurde für uns gekreuzigt unter Pontius Pilatus, hat gelitten und ist begraben worden." Die Vorstellung erregt nicht erst in moderner Zeit Anstoß. Ist nicht jeder für sich selbst verantwortlich? Wieso sollen die Menschen heute Nutznießer eines solchen Todes vor langer Zeit sein? Wie passt das historische Ereignis von damals mit unserer Situation heute zusammen?

Die ersten Christen mussten nach dem Tod Jesu damit fertig werden, dass vieles anders kam, als sie erwartet hatten. Statt Zeugen der Königsherrschaft des wiedergekommenen Messias über Israel zu werden, erlitten sie Verfolgung und Martyrium. Trotzdem ging ihr Glaube an Jesus nicht unter, sondern gewann erstaunlich schnell viele Anhänger. Denn die ersten Christen integrierten den Tod ihres Stifters in ihren Glauben und ihre Lehre: Er wurde als ein Opfer gedeutet, das sich von der Opferpraxis der anderen Religionen deutlich unterschied. Jesus war kein Opfer für eine Gottheit, sondern gerade Zeichen der Hingabe Gottes für die Menschen.

Bei dieser Interpretation ging es nie nur um den Tod Jesu, sondern immer auch um seine Auferstehung. Der Glaube daran, dass Jesus den Tod überwunden hat, wurde in der frühchristlichen Tradition immer mitbedacht. Deshalb ist von Tod und Auferstehung Jesu im Neuen Testament gleichberechtigt die Rede. Sie stehen nicht unverbunden nebeneinander, sondern haben im Kern miteinander zu tun. Der Tod wird nicht durch die Auferstehung aufgehoben, sondern beides bleibt gleichermaßen entscheidend. So heißt es zum Beispiel im Römerbrief des Paulus, dass Jesus „um unserer Sünden willen dahingegeben und um unsrer Rechtfertigung willen auferweckt ist" (Kapitel 4,25).

In späteren Epochen der Kirchengeschichte wurde diese untrennbare Verknüpfung von Tod und Auferstehung aufgelöst und dem Tod Jesu eine übergroße Bedeutung für die Erlösung der Menschen zugemessen. Schon im frühen Mittelalter behauptete Anselm von Canterbury, dass Gott seinen Sohn opfern musste, damit der durch die Sünden der Menschen beleidigten Majestät Gottes Genugtuung widerfährt. Auch in der Reformationszeit wurde das Kreuz Jesu als zentrales Heilsmoment deutlich betont. Davon zeugen zahlreiche protestantische Passionschoräle, wie jener von Paul Gerhardt (1607 – 1676): Ich bin's, ich sollte büßen / an Händen und an Füßen / gebunden in der Höll; / die Geißeln und die Banden / und was du ausgestanden, / das hat verdienet meine Seel (Evangelisches Gesangbuch 84,4).

Diese besondere Betonung des Leidens und des Todes verlieh dem Christentum lange Zeit ein düsteres, negatives Image und richtete in den Seelen vieler Menschen Schaden an. Diese ausschließliche Betonung des Leidens und Sterbens war und ist ein Irrweg, wenn man die enge Verknüpfung von Kreuz und Auferstehung, von Tod und Leben in zentralen Passagen des Neuen Testaments ernst nimmt.

Gleichwohl macht die Vorstellung, dass Jesus für uns starb, eine wesentliche Eigenart des Christentums aus – auch und gerade gegenüber anderen Religionen. Denn sie hält fest, dass die Menschen Gott nicht gleichgültig sind, sondern dass Gott ihnen ganz nah war und seither sein will, auch und gerade im Leiden.

Dieser Glaube hat Konsequenzen. Er macht stark gegen Versuchungen der Art: „Setze dich durch mit allen Mitteln und aller Macht! Setze auf das Schöne, das Starke und auf den Sieg!" Die starke, helle Seite des Lebens ist eben nur die eine. Wer ehrlich ist, kennt auch die andere: Scheitern, Aussichtslosigkeit und Tod.

Es ist sperrig, aber faszinierend, dass die Religion Jesu Christi diese Seite des Lebens nicht leugnet, sondern dass sie gerade Wege eröffnet, das Dunkel auszuhalten und in Licht zu verwandeln. Das ist der Kern der Aussage: „... für uns gestorben."

Reinhard Mawick

Gott

An eine religiöse Instanz
glauben die meisten
Menschen: an eine
unfassbare Macht,
irgendwo im Niemands-
land. Diese Vorstellung
erscheint ihnen leichter
begreiflich als die
eines Gottes, der Mensch
geworden ist

Ich glaube an was Höheres – reicht das?

Es ist seit Jahren eine verlässliche Konstante bei empirischen Umfragen: Die Mehrheit der Befragten, oft sogar bis zu zwei Drittel, glaubt unbeirrt an die Existenz einer „religiösen Macht". Sie vermuten beharrlich, dass es irgendwo eine Instanz gibt – sei sie Gott genannt oder nicht –, die eine Wirkung auf diese Welt und ihre Menschen entfalten könnte. In der Mehrheit sind die Menschen nicht atheistisch, sondern im Gegenteil offen für eine allgemeine, weit gefasste Religiosität.

Allerdings schrumpfen die Zahlen, wenn es um eine konkrete, persönliche Gottesbeziehung geht. Dass sich der Glaube an eine historische Person hängt – zum Beispiel an Jesus aus Nazareth – oder dass die Gläubigen auf eine Gemeinschaft angewiesen sind – zum Beispiel auf die Kirche –, kann heute nur eine Minderheit nachvollziehen. Viele tun sich schwer mit jenem Glauben, wie ihn die Kirchen lehren: als Geschichte der Erfahrungen der Menschen mit ihrem Gott. Gerade das Kernstück des christlichen Bekenntnisses, dass Gott ein persönliches Gegenüber des Menschen ist, verliert an Zustimmung. Hier wandeln sich die religiösen Einstellungen der Menschen dramatisch.

„Ich glaube an ‚was Höheres'" – diese Einstellung hat allerdings ihre Tücken, denn die Kirchengeschichte hat gezeigt: Wenn Gott als „was Höheres" gilt, dann eröffnet dies Spekulationen Tür und Tor. Der Glaube wird dann leicht zum Luftschloss, zur Kopfgeburt. Ludwig Feuerbachs Kritik des Christentums in der Mitte des 19. Jahrhunderts hatte wesentlich damit zu tun, dass er einen Gott

ablehnte, der aus den Wünschen und Ängsten der Menschen geboren („projiziert") wurde. Er ging mit seiner Kritik auch auf Distanz
zu den philosophischen Spekulationen des deutschen Idealismus.
Seine Frage (nicht sein Gesamturteil über das Christentum) ist
immer noch aktuell: Versteckt sich im Glauben nur eine abstrakte
Fantasie oder knüpft er an Erfahrungen und die Geschichte der
Menschen an, eine Geschichte, die Christen als Heilsgeschichte
verstehen?

Macht man Gott zum Objekt philosophischer Spekulationen,
stehen am Ende nur noch eine Menge schwieriger Logeleien. Das
können dann Fragen wie diese sein: Wenn Jesus Gott ist, wieso
empfand er Freude und Schmerzen? Wieso konnte er dann überhaupt getötet werden? Wenn er über Kräfte als Wunderheiler verfügte, warum rettete er sich nicht selbst? Wenn er über die Gabe der
Prophetie verfügte, warum sah er seine eigene Auferstehung nicht
voraus? Lust und Qual erzeugen solche logischen Widersprüche,
und manchmal wird das Auftischen solcher Paradoxe auch zu einer
Art Gesellschaftsspiel.

Die Bibel vermeidet weitgehend Spekulationen über Gott und
breitet stattdessen detailreich die konkreten Erfahrungen der Menschen mit ihrem Gott aus. Die Botschaft der Bibel ist klar: Gott ist
Mensch geworden. Dieser Gott hat in der Person Jesu mit seinen
Stärken und Schwächen, seiner Lebenslust und seiner Angst, seinen
sozialen Forderungen und seinem politischen Versagen Geschichte
gemacht. Er wirkt durch seine Gnade bis heute in den Menschen.
Dies – und eben nicht eine Sammlung von Logeleien – begründet
den Glauben.

Abstrakte Gottesspekulationen haben auch eine andere Tücke:
Sie lassen sich leicht als Instrumente von Ideologien missbrauchen.
Wenn die kritische Überprüfung von Glaubensinhalten an der Geschichte fehlt, dann wird alles denkbar und alles möglich. Dann
kann das Christentum zur elitären Geheimwissenschaft werden
und zum Unterbau für politische Ideologien aller Art.

Einen positiven Aspekt hat allerdings der Gedanke an „was Höheres": Er knüpft an die Tradition der „negativen Theologie" an. Negativ in dem Sinne, dass sie Ernst macht mit der Auffassung: Alles Reden über Gott greift zu kurz. „Gott lässt sich nicht auf eine begrenzte Identität festlegen", schrieb der Theologe Hermann Häring einmal. „Weder die genaueste noch die frömmste Theologie kann uns sagen, wer oder was er eigentlich ist." Solche „negative Theologie" ist teilweise ein Reflex darauf, dass in Familien, Gemeinden und Schulen allzu bildhaft, nämlich menschlich-allzumenschlich über Gott gesprochen wurde.

Grundsätzlich gilt: Christlicher Glaube ist „nicht das Werk menschlichen Nachdenkens" (Evangelischer Gemeindekatechismus), sondern eine beobachtbare, beschreibbare Reaktion auf Gottes Gnadenangebot. Sie lässt sich unter anderem ablesen an so konkreten Dingen wie: die Feinde zu lieben, Hungrige satt zu machen, Weinende zu trösten, überhaupt barmherzig zu sein. Ob die Gedanken an „was Höheres" als Glauben zu verstehen sind, erweist sich nicht zuletzt an ihren Folgen. Auch in dieser Hinsicht gilt: Glauben ist immer konkret.

Eduard Kopp

Vielgötterei kommt für sie nicht in Frage – da sind sich Juden, Christen und Muslime ganz sicher. Doch schon beim Thema Dreieinigkeit gibt es Debatten

Glauben Christen wirklich nur an einen Gott?

Die Muslime in Hamburgs Vorzeige-Moschee an der Außenalster sind entsetzt. Sie sehen durch den geplanten „Religionsunterricht für alle" wichtige Grundfesten ihrer Religion wanken. Zu wenig religiöse Unterweisung in den Schulen, klagen sie, zu wenig Erziehung zur Gottesfurcht! Aber vor allem bezweifeln sie, dass die Religionslehrer der staatlichen Schulen den „kompromisslosen Monotheismus" des Islam vermitteln können. Wenn Schüler aller Religionen und Konfessionen gemeinsam unterrichtet werden, dann bleibt ihrer Meinung nach das Bekenntnis zu Allah als dem einen, einzigen Gott auf der Strecke.

Da ist er wieder, der zentrale Streitpunkt zwischen Muslimen und Christen: Ist der christliche Gott, der seit einem Konzil des 4. Jahrhunderts in drei „Personen" (im Griechischen: hypostasis) gedacht wird, vielleicht doch nicht ein einziger Gott? Sprechen Christen nicht, wenn sie ein Gebet beginnen oder wenn sie sich bekreuzigen: „…im Namen des Vaters, des Sohnes und des Heiligen Geistes"? Und werden sie nicht auf den Namen dreier göttlicher Personen getauft?

Die Vorstellung, dass der christliche Gott in drei Personen existiert, ist nicht leicht zu verstehen. Nicht nur kommt das Wort Person in Bezug auf Gott nirgends in der Bibel vor. Auch benutzen wir heute diesen Begriff ganz anders, als er in den ersten Jahrhunderten nach Christus gebraucht wurde. Heute geht es beim Wort Person um die individuelle Persönlichkeit, um ihr Selbstbewusstsein und ihre Vernunft, ihre Rechte und Verantwortung. In diesem modernen Sinne kann man nicht über die drei Personen Gottes sprechen, denn dreierlei Individualität und Persönlichkeit ergeben im Blick auf Gott überhaupt keinen Sinn.

Schon in der Kirche der ersten Jahrhunderte gab es Probleme mit dem Wort Person und deshalb allerlei kritische Anmerkungen: So klagte der berühmte Autor und Asket Hieronymus, mit diesem Begriff sei Gift unter den Honig geraten. Augustinus, der größte Theologe des christlichen Altertums, betonte, diese Wortwahl sei eine reine Verlegenheitslösung. Der Reformator Calvin legte viele Jahrhunderte später noch eins drauf, sprach spöttisch von den drei Männlein in der Trinität.

Der Glaube, dass es nur einen Gott gibt, der Monotheismus, ist eine große Errungenschaft des theologischen Denkens. Er hat sich erst langsam herausgebildet. Es ist die Leistung der Israeliten, den vielen Göttern der Nachbarreligionen ihren einzigen Stammes- und Nationalgott entgegen gestellt zu haben. Von Anbeginn hatten Propheten wie Elia und Jesaja die alleinige Verehrung Jahwes gefordert. Der endgültige Durchbruch des Monotheismus kam, als Israel seine Nationalstaatlichkeit im Kampf gegen Babylon verlor. Im sogenannten Babylonischen Exil (586 bis 538 v. Chr.) entstand das Judentum. Das erste der Zehn Gebote („Du sollst keine Götter neben mir haben"; Exodus/2. Mose 20) war dabei besonders wichtig.

Die Christen übernahmen den Monotheismus der Juden. Für sie galt von Anfang an: Es gibt nur einen einzigen Gott. Zugleich mussten sie sich Klarheit darüber verschaffen, warum das Neue Testament immer wieder Jesus als Gottes Sohn bezeichnet. Und wie es zu verstehen ist, wenn in der Bibel Gespräche zwischen Vater und Sohn zitiert werden – der Sohn zum Beispiel in seiner Todesangst den Vater anbettelt, ihm die Qualen der Kreuzigung zu ersparen. Und was da eigentlich geschieht, wenn an Pfingsten der Heilige Geist in Flammen auf die Menschen herabkommt?

All diese Vorgänge lassen sich als Teil einer einzigen Bewegung verstehen: Gott wendet sich den Menschen zu. Er sucht die direkte

Nähe zu ihnen (durch Jesus) und entfacht in ihnen ein Feuer der Liebe (den Geist). In diesem Sinne ist Gott zugleich Ursache, Medium und Frucht dieser Liebe.

Die Rede von den drei Personen, wie sie in mehreren Konzilien der ersten Jahrhunderte diskutiert wurden, verschleiert diesen Sachverhalt eher, als dass sie ihn verdeutlicht. Karl Barth, der große Schweizer evangelische Theologe des 20. Jahrhunderts, erklärte Vater, Sohn und Heiligen Geist als drei Dimensionen einer einzigen Offenbarung. Im Bild gesprochen: Von Gott geht die Liebe aus, Gottes Sohn gibt dieser Liebe Gestalt und im Heiligen Geist wirkt sich diese Liebe in Mensch und Schöpfung aus. Folgt man diesem Verständnis der Dreieinigkeit, wird manches etwas leichter fassbar. Dann kommt dahinter nicht die Rivalität dreier Instanzen zum Vorschein, sondern drei Wirkweisen eines einzigen Gottes, der die Menschen für sich gewinnen will.

Glauben Christen wirklich nur an einen Gott? Ja, trotz der immer wieder irritierenden Rede von drei Personen. Man kann es sich auch so zu erklären versuchen: Wer Jesus Christus kennt, kennt seinen Vater. Und wer sich vom Geist mitreißen lässt, spürt den Urheber: Gott.

Eduard Kopp

Sie gut als Inbegriff für Strafen und Qualen aller Art.
Jahrhundertelang versetzte schon der Gedanke an
das flammende Inferno die Menschen in Angst
und Schrecken

Was ist in der Hölle los?

Die Waldbrände auf den kanarischen Inseln und auf dem spanischen Festland im Sommer 2007 kamen den Journalisten und den Bewohnern wie ein Inferno vor: „Urlaubsparadies mutiert zur Flammenhölle", lautete eine Schlagzeile. Hilflos angesichts der Feuerwalze und ihres Besitzes beraubt, brachen Menschen vor den TV-Kameras in Tränen aus. Tausende Betroffene mussten fliehen, Pinien- und Eukalyptuswälder wurden großflächig vernichtet. Die Hölle als Ort radikaler Vernichtung: eine tief im Bewusstsein der Menschen verankerte Angst.

Doch es gilt mit einer Vorstellung aufzuräumen: In den großen christlichen Kirchen von heute gibt es keine ausgefeilte Lehre über die Hölle, sie ist auch kein zentrales christliches Thema. Die bekanntesten Vorstellungen von der Hölle entstammen volkstümlichem Traditionsgut. Theologisch interessant daran ist allerdings, dass sie Gegenbilder zu den vielfach beschriebenen christlichen Vorstellungen vom Reich Gottes und vom Himmel sind.

Im Alten Testament gibt es keine Hölle als Ort ewiger Bestrafung, wohl aber einige konkrete Vorstellungen, aus denen sich nach und nach ein größeres Bild zusammenfügte. Das „Tal des Hinnom", südlich der Jerusalemer Altstadt gelegen, gehört zu diesen konkreten Anknüpfungspunkten: In früheren Zeiten sollen hier Kinder geopfert worden sein, der Prophet Jeremia verfluchte diesen Ort des Götzenkults. Seit dem zweiten Jahrhundert vor Christus galt das Tal als der Ort, an dem sich nach dem Endgericht eine Feuerhölle zeigt. Aus einem geografisch klar beschriebenen Ort wurde eine zeitlos-abstrakte Vorstellung.

Auch in den Gleichnisreden Jesu vom kommenden Reich Gottes gibt es Anknüpfungspunkte für Höllenvorstellungen, auch wenn sie keine dezidierte Höllentheologie enthalten. Am Ende der Welt, so heißt es zum Beispiel im Matthäusevangelium (Kapitel 13,47 f.), werden Engel die bösen Menschen von den Gerechten trennen; die Bösen werden dann in einen Feuerofen geworfen, „dort wird Heulen und Zähneklappern sein". Und in den Passagen über das Weltgericht heißt es: Nach dem Urteilsspruch werden die Verfluchten mit dem Teufel und seinen Helfern ins „ewige Feuer" geworfen (Kapitel 25,41).

Wenn es um die unterschiedlichen Höllenvorstellungen geht, muss man sehr genau die jeweiligen historischen Hintergründe im Blick haben. Da wirkt auch im frühen Christentum die antike Vorstellung vom dreigeteilten Kosmos nach: Oben schließt sich an die Erde der Himmel, unten die Hölle an, das Reich der Toten, ein Straf- und Läuterungsort für die sündigen Menschen. Unterschiedlich je nach historischem Zusammenhang sind auch die Vorstellungen, wer über die Hölle die Verfügungsgewalt hat.

Nach christlicher Überzeugung hat Jesus die Hölle bezwungen: Als Gottes Sohn den Tod auf sich nahm, erwies sich, dass Gott den Menschen auch in ihren tiefsten Nöten und Todesängsten nahe war und ist. Im Glaubensbekenntnis heißt es, Christus sei nach seinem Tod „hinabgestiegen in das Reich des Todes". Volkstümlich ist in diesem Zusammenhang von der „Höllenfahrt Christi" die Rede. Nirgends werden Orte oder Details des Aufenthalts näher bestimmt. Erst in späteren Jahrhunderten werden auf den Ikonen der Ostkirchen die Abläufe detaillierter ausgemalt: Von seiner Höllenfahrt kehrt Christus als Sieger zurück, an der Hand zieht er den geretteten Adam hinter sich her.

Anders als das Christentum hat der Islam eine umfangreiche Höllenlehre, die im Koran nachzulesen ist. Unglauben und Sünden führen die Menschen an den Ort der Höllenpein. Die Verdammten essen die Früchte eines Höllenbaums, die ihren Körper innerlich verzehren. Sie trinken kochend heißes Wasser. Feuer lodert, immer wieder neu angefacht mit den Leibern der Verdammten. Diese sind angekettet und werden mit Eisenstöcken gequält. Während die Ungläubigen, die Nichtmuslime, für immer in der Hölle bleiben, können die Sünder unter den Gläubigen irgendwann einmal ins Paradies gelangen.

Karl Barth, der Baseler Theologieprofessor, betonte in seinen letzten Vorlesungen Anfang der sechziger Jahre, wie wichtig es sei, gerade die gütigen Seiten Gottes in den Blick zu nehmen, seine Gnade wichtiger zu nehmen als die christliche Botschaft vom Gericht. Er riet den Christen, sich die Hölle nicht interessanter werden zu lassen als den Himmel. Das ist ein Ratschlag, der auch heute seine Bedeutung hat.

Eduard Kopp

Sie war **eine reine Magd,** *sagen die einen. Sie war ein erniedrigtes Mädchen, sagen die anderen, vielleicht sogar Opfer sexueller Gewalt. Über die Mutter Jesu gehen die Meinungen weit auseinander*

War Maria eine Jungfrau?

Ja, die Mutter Jesu war eine Jungfrau. Dies schrieb die amerikanische Theologin Jane Schaberg Ende der achtziger Jahre. Nicht unbedingt in dem Sinn, wie es viele Christen gerne hätten. Bis sie schwanger wurde, sei Maria Jungfrau gewesen, ein junges Mädchen von vielleicht zwölf Jahren, ledig, unfreiwillig schwanger, erniedrigt, vielleicht sogar vergewaltigt.

Eine provokante Deutung der jungfräulichen Empfängnis ist dies – zumal für eine katholische Theologieprofessorin. Für ihre Auslegung bekam sie haufenweise Hassbriefe. Ihre Kollegen an der Universität in Detroit machten fortan einen weiten Bogen um sie. Der damalige Erzbischof Adam Joseph Maida, inzwischen Kardinal, verteilte einen Hirtenbrief gegen Schabergs Lesart der Jungfrauengeburt. Aufgebrachte Katholiken setzten ihr Auto in Brand.

Die Mutter Gottes – vergewaltigt? Total abwegig, urteilten die meisten Theologen. Sowohl diejenigen, die die Jungfrauengeburt für eine historische Tatsache halten, als auch die anderen, die in Marias Jungfräulichkeit lediglich ein Symbol sehen. Sie alle vertraten die Auffassung, Maria sei – zumindest in der Vorstellung der biblischen Autoren – auch als Schwangere Jungfrau geblieben.

Ob ihre Deutung wirklich so abwegig sei, fragte die Feministin Schaberg zurück. Sie forderte die Theologen auf, einen neuen Blick auf die biblischen Weihnachtsgeschichten aus dem ersten Jahrhundert nach Christus zu werfen. Einen Blick, der nicht von den Glaubenslehren späterer Jahrhunderte verstellt sei. Schon der Prophet Jesaja (7,14) spreche in Wahrheit von einem Mädchen (hebräisch: Alma), wenn er laut deutscher Übersetzung sagt: „Siehe, eine Jungfrau ist schwanger und wird einen Sohn gebären." Worte, die bis heute in Weihnachtsgottesdiensten verlesen werden.

Auch dass der Evangelist Matthäus betone, Maria habe ihr Kind vom Heiligen Geist empfangen (Matthäus 1,18), sei kein Argument gegen ihre Deutung, so Schaberg. Denn gleichzeitig räume er Jesus einen Platz im Stammbaum seines Vaters Josef ein (Matthäus 1,16). Matthäus halte es letztlich offen, ob Jesus ausschließlich einen göttlichen oder außerdem auch einen leiblichen Vater gehabt habe.

War Maria eine Jungfrau? Ja. Zu Recht hat die alte Kirche in sämtliche Glaubensbekenntnisse hineingeschrieben: „Ich glaube an Jesus Christus, empfangen durch den Heiligen Geist, geboren von der Jungfrau Maria." Dabei ging es den biblischen Schriftstellern gar nicht bloß um das Wunder der Biologie. Mindestens ebenso wichtig war für sie, dass Gott eine gedemütigte Frau zu höchsten Ehren erhebt.

Immer wieder betont die Bibel, wie gering die Mutter Jesu gewesen sei. „Er hat die Niedrigkeit seiner Magd angesehen", singt Maria in ihrem Lobgesang, als sie erfährt, dass sie den Heiland gebären soll (Lukas 1,48). Erst im griechischen Urtext sieht man, wie krass diese Worte gemeint sind: „Doule" steht dort für „Magd", genauer übersetzt: „Sklavin". Feministische Theologinnen betonen außerdem, das griechische Wort für „Niedrigkeit" sei gleichbedeutend mit „Erniedrigung": ein Attribut, das sonst häufig in Zusammenhang mit sexueller Gewalt gegen Frauen stehe.

Tatsächlich haben Bibelausleger der ersten nachchristlichen Jahrhunderte beide Deutungen der Jungfrauengeburt vertreten. Die einen betonten das Wunder der Jungfräulichkeit Marias auch nach der Empfängnis. Die anderen sahen in ihr eine gedemütigte Frau, die vielleicht auf ähnliche Weise Opfer sexueller Gewalt war wie viele andere Frauen auch.

Im Laufe der Geschichte veränderte sich der Blick auf Maria. Je reiner, strahlender und himmlischer sie erschien, desto mehr geriet ihr allzu menschliches Wesen in Vergessenheit. Aus der erniedrigten wurde die reine Magd, aus dem Mädchen die Himmelsgöttin. Vor allem Reformtheologen wie Martin Luther wiesen weiterhin auf die Niedrigkeit der Mutter Jesu hin.

Maria war eine Jungfrau, ein vielleicht zwölfjähriges Mädchen, das ungewollt schwanger wurde. Ob man die Jungfräulichkeit Marias darüber hinaus auch als biologisches Wunder deutet, bleibt jedem überlassen. Für den christlichen Glauben ist das nicht entscheidend wichtig.

Burkhard Weitz

Sie wissen angeblich genau, was kommt. Weil sie mit Mahnungen und Warnungen *anderen zur Last fallen, ecken sie überall an. Kein leichter Beruf, wie es scheint*

Wie arbeiten eigentlich Propheten?

„Schlechte Zeiten für Propheten", schlagzeilte bereits 1997 eine Berliner Zeitung, „Klimaforscher sind mit ihren Prognosen vorsichtiger geworden." Solche Prophetie geht tatsächlich regelmäßig in die Irre. Und wer hätte vor zehn Jahren prophezeit, dass ein Liter Super bis zu 1,50 Euro kosten kann? Was sind das nur für Propheten?

Andere jedenfalls, als sie in der Bibel vorkommen. Dort sind Propheten nicht „Wahrsager" von Zukunftsentwicklungen, sondern Menschen, die die politischen, sozialen und religiösen Strömungen ihrer Zeit genau beobachten und sich bei Bedarf warnend dazu äußern. Mit Leidenschaft bringen sie, die sich als Sprachrohre Gottes verstehen, dessen Willen zu Gehör. Hartnäckig versuchen sie dem Glauben wieder einen Platz in der Gesellschaft zu verschaffen. Wenig Orakelhaftes, eher Pädagogisches ist in ihrer Rolle. Propheten geht es nach einem verbreiteten theologischen Wortspiel nicht um eine „Vorhersage", sondern um die „Hervorsage".

Propheten, so die weit verbreitete Vermutung, sind freie Geister und keiner Institution verpflichtet. Bei ihnen könne man zwar von einer Berufung, nicht aber von einem Beruf sprechen. Das ist nicht richtig. Zwar gab es namhafte Propheten in der Bibel, die in ihren erlernten Berufen blieben, aber manche waren als Propheten auch fest angestellt. Solche spielten zum Beispiel in Israel, dem nördlichen der beiden Reiche, eine Rolle als Berater im Krieg gegen die Aramäer (1. Könige 20). Andere Propheten arbeiteten etwas eigenständiger. Nathan, der König David nach dessen Ehebruch und nach einem Mord ins Gewissen redete, war ein solcher Hofprophet, ein regelmäßiger Mitarbeiter am judäischen Hof, also im Südreich. Er setzte moralische, aber auch kulturelle Standards, zum Beispiel was das Musizieren und den Gesang im Tempel angeht.

Manche Propheten des Alten Testaments sind in einer Genossenschaft organisiert. So sammeln sich um Samuel, Elija und Elischa an Heiligtümern Männer, die unter Leitung ihres Meisters in religiöse Ekstasen eintauchen, die als Gruppe gesellschaftlich Einfluss nehmen und großes öffentliches Interesse finden. Gruppen dieser Art gab es zum Beispiel in Jericho, in Gilgal und in Bet-El. Mancherorts wurden auch Jugendliche in die Prophetengruppe aufgenommen, Mitglieder trugen eine Tracht oder gar eine Tonsur.

Propheten beraten die Herrscher, sie nehmen Einfluss auf die politische Agenda. Sie widmen sich den Sorgen der kleinen Leute, verschaffen ihnen Gehör bei den Mächtigen, heilen Kranke. Sie halten Reden und predigen. Samuel verbindet gleich eine ganze Reihe von Aufgaben in einer Person: Er ist Richter, Seher, Prediger, Oppositionspolitiker. Josua wiederum ist stark konzentriert auf die Predigt des Gesetzes, er ist ein Thoraprophet, Lehrer des jüdischen Gesetzes. An Fragen des Kultes scheinen alle Propheten ein großes Interesse gehabt zu haben. Propheten waren überwiegend männlich, doch gibt es auch herausragende Frauengestalten: so zum Beispiel Mirjam, die Schwester des Mose, oder die Richterin Debora (2. Mose 15; Richter 4).

Auch im Neuen Testament bilden die Propheten einen relativ geschlossenen Personenkreis. Häufig werden sie als feste Institution der Gemeinden in einer Reihe mit den Aposteln und den Lehrern genannt. Im frühen Christentum hatte offensichtlich jede Gemeinde ihre eigenen Propheten. Sie wurden allerdings – anders als die Ältesten der Gemeinden – nicht gewählt, sondern durch den Geist berufen, ein vielschichtiges Erlebnis, das nur klugen, tatkräftigen und religiös sensiblen Menschen widerfuhr. Deshalb gab es bei Juden und Christen auch immer Frauen im Prophetenamt. Die Prophetin Hanna erkannte im Kind Jesus den Messias (Lukas 2), der Evangelist Philippus hatte gleich vier Töchter mit Prophetengabe (Apostelgeschichte 21).

Maßgeblich haben jedoch die Propheten des Alten Testaments das heute verbreitete Bild der Prophetie geprägt: Hier stehen einzelne, starke Persönlichkeiten im Vordergrund, darunter Jesaja und Jeremia, Jona und Amos. An Jona, der sich der göttlichen Berufung zum Propheten durch Flucht entziehen wollte, wird besonders schön deutlich: Zum Propheten wird man durch Gott bestimmt. Eine Selbsternennung scheidet grundsätzlich aus.

Eduard Kopp

Er war beschnitten. Er betete im Tempel.
Er kannte sich **bis zum Tüpfelchen**
in den religiösen Vorschriften aus.
Doch vieles war anders bei diesem Mann

War Jesus ein gesetzestreuer Jude?

Religionsunterricht in Norddeutschland. Es geht um das Leben Jesu. Die Lehrerin erzählt in einer siebten Realschulklasse, dass Jesus die religiösen Feste intensiv mitfeierte, so, wie es eben Brauch und Vorschrift im Judentum ist. Ein Zwölfjähriger sagt erst lange Zeit gar nichts. Dann springt er, von einer plötzlichen Einsicht gepackt, auf und ruft enttäuscht quer durch die Klasse: „Aber dann war Jesus ja Jude!" Die Lehrerin lächelt wissend. „Aber er war doch der erste Christ, oder nicht?", hakt der Schüler nach, „dann kann er doch gar kein echter Jude sein!" Dumm, dass ausgerechnet in diesem Moment die Pausenglocke läutet. Aber damit steht das Thema für die nächste Stunde bereits fest: War Jesus Jude? Oder war er doch eher Gründer einer Kirche und deshalb auf Distanz zum Judentum?

Ruth Lapide, jüdische Theologin und Historikerin in Frankfurt am Main, die über Jahrzehnte die Geschichte Jesu erforschte, äußerte einmal in einem Interview für Bibel-TV: „Jesus von Nazareth gehörte zeitlebens dem Judentum an. Die Jesusgeschichte ist eine jüdische Geschichte." Und sie untermauert ihre Analyse mit einer frappierenden Beobachtung: Fast nur Juden akzeptierten Jesus zu seinen Lebzeiten. In der Bibel sind nur ganz wenige Nichtjuden genannt, die diesem Mann Gehör schenkten – zum Beispiel der römische Hauptmann, der unter Jesu Kreuz stand und viel zu spät merkte, wen er da zu Tode quälte, oder eine Syrophönizierin, die um Hilfe für ihre kranke Tochter bat.

Wenn man die vermutlich drei Jahre des öffentlichen Wirkens durchsieht, findet man tatsächlich etliche Hinweise, die den Mann aus Nazareth als einen traditionsbewussten Juden kennzeichnen: Er ist beschnitten, lebt fast ohne Unterbrechung unter Juden. Er lernt bei jüdischen Schriftgelehrten (Rabbinern), geht zum Gottesdienst in den Tempel von Jerusalem und in die Synagogen des Landes. Seine öffentlichen Reden und Predigten richten sich ausschließlich an Juden. Er ist bestens vertraut mit den vielen religiösen Geboten des Judentums. Eines seiner markantesten Worte zum jüdischen Recht lautet: „Bis Himmel und Erde vergehen, wird nicht vergehen der kleinste Buchstabe noch ein Tüpfelchen vom Gesetz, bis es alles geschieht" (Matthäus 5,18).

Aber es sind auch Bemerkungen und Verhaltensweisen von Jesus überliefert, die eine kritische Distanz zum jüdischen Gesetz erkennen lassen. Das zeigen vor allem die Sabbatkonflikte. Zum Beispiel heilt Jesus am Sabbat Kranke. Auch das jüdische Gesetz kennt einige Ausnahmen von der Pflicht zur Sabbatruhe, zum Beispiel im Fall von Lebensgefahr. Aber die kritischen Bemerkungen Jesu zum Sabbatgesetz gehen über diese erlaubten Ausnahmen hinaus. Er toleriert außerdem, dass seine Anhänger gegen die Reinheitsvorschriften verstoßen (Markus 7,15). Auch beim Thema Ehescheidung nimmt er eine eigene Position ein, diesmal eine radikalere als im überlieferten Gesetz: Er kritisiert die zu leichten Ehescheidungen als gottwidrig. All dies ist für die Schriftgelehrten seiner Zeit ein Unding.

Er sprach und lehrte mit hoher Autorität. Er weckte in den Menschen die Hoffnung, dass in naher Zukunft ganz andere Verhältnisse herrschen würden, gerechte, freie, auch frei von der Unterdrückung durch die römische Besatzungsmacht, und dass er der Messias (Christus) sei, der sie auch politisch in diese neue Zeit führen werde. Jesus selbst hat nie den Anspruch formuliert, dieser Messias zu sein, doch seine Person und sein Wirken legten es nahe. Er „reinigte" den Tempel, das „Haus seines Vaters", von Geldwechslern, er starb am Kreuz mit der Aufschrift: „König der Juden".

Es sollte nach Jesu Tod allerdings noch Jahre dauern, bis eine namhafte Zahl von Gemeinden entstand, die sich nicht mehr aus Juden, sondern aus „Heiden" rekrutierten. In die biblischen Texte, die ebenfalls in dieser Zeit entstanden, gerieten zunehmend antijüdische Töne hinein. Auch dies ist ein Grund dafür, dass manchmal der Eindruck entsteht, Jesus hätte radikal mit seinem jüdischen Glauben gebrochen. Doch er war ein Jude, der vor allem von Juden geliebt wurde, auch wenn er nicht jedes Tüpfelchen der religiösen Gesetze respektierte.

Eduard Kopp

Es ist eine uralte Hoffnung der Menschen,
dass mit dem Tod nicht alles aus ist.
Dass sie ins Leben zurückkehren
und bei Gott sein werden, wo unbeschreibliches
Glück auf sie wartet

Werden wir alle auferstehen?

Die zweitschönste Auferstehungsgeschichte (nach der Osterge-
schichte) stammt von Stefan Zweig, dem jüdischen Schriftsteller.
Seine Erzählung „Georg Friedrich Händels Auferstehung" schildert
die dramatische Lage des Komponisten, der im Jahre 1737 mit
52 Jahren einen Schlaganfall erlitt und sofort einseitig gelähmt war.
Von Geldnot und Krankheit geplagt, fällt er in tiefe Verzweiflung.
Unter Qualen lässt er sich körperlich kurieren, so dass er wieder
komponieren kann. Doch ihm fehlt jeder Lebensmut. Da schickt
ihm unerwartet sein Librettist die Texte für den „Messias". Händel
liest, und schon die ersten Worte, „Comfort ye, comfort ye my peo-
ple – tröstet, tröstet mein Volk", lösen in ihm eine unbeschreibliche
Verwandlung aus. Seine Seele befreit sich im selben Moment von
allen Todesängsten. Wie in einem Rausch schreibt er drei Wochen
lang, Tag und Nacht. Die im „Messias" beschriebene Passion und
Auferstehung Jesu ist seine eigene Auferstehung aus der Umklam-
merung des Todes.

Mit dem Begriff „Auferstehung der Toten" geben Juden und
Christen ihrer Hoffnung Ausdruck, dass Gottes Liebe zu den Men-
schen und der ganzen Schöpfung keine Grenzen kennt, weder im
Blick auf den Kreis der Betroffenen noch in zeitlicher Hinsicht.
Gott hält zu den Menschen. Er ist ihnen treu. Dadurch erhebt er
die ganze Schöpfung aus der banalen Routine des Werdens und
Vergehens.

Es gibt verschiedene Weisen, sich das Leben nach dem Tod vorzustellen. In der christlichen Tradition steht der Glaube an die Auferstehung der Toten in Konkurrenz zum Glauben an die unsterbliche
Seele. Die evangelische Kirche ist, mehr noch als die katholische,

bestrebt, der Auferstehung der Toten einen gebührenden Vorrang vor den Vorstellungen von der Unsterblichkeit der Seele zu geben. Das hat zwei gute Gründe: Die Trennung von Körper und Seele ist nämlich ursprünglich keine jüdisch-christliche, sondern eine griechisch-philosophische Vorstellung. Und: Die Einheit von Leib und Geist ist eine große Errungenschaft des jüdisch-christlichen und auch des modernen wissenschaftlichen Denkens.

„Ich glaube an die Auferstehung der Toten", heißt es im Glaubensbekenntnis der christlichen Kirchen. Noch vor wenigen Jahrzehnten bekannten Katholiken und Protestanten: „Ich glaube an die Auferstehung des Fleisches." Die Revision dieser Formulierung sollte dem Missverständnis entgegenwirken, dass „Fleisch", griechisch: soma, Leib oder Körper im materiellen Sinn bedeutet. Die Auferstehung des Fleisches bezeichnet auch keine Wiederbelebung des Körpers. Es geht um etwas anderes: um ein vollendetes Leben. Dafür gibt es allenfalls Annäherungsbegriffe: Menschen werden von Gott geliebt, von ihm unerwartet beschenkt. Sie stehen in einem innigen Austausch mit ihm: Gott tritt mit den Menschen und diese treten untereinander in Kommunikation.

Fern ist diesem Glauben jede philosophische Vorstellung, der Körper sei das Gefängnis der Seele. Der Glaube an die Auferstehung ist das Gegenprogramm: In Gottes Schöpfung bilden Geist und Leib eine Einheit. Gerade um sich von den leibfeindlichen Gnostikern und ihren Vorstellungen, dass die Seele im Leib wohne und ihn im Tod verlasse, abzugrenzen, pointierten die Kirchen die Einheit von irdischem Leib und Auferstehungsleib.

Die Rede von der Auferstehung ist eine Symbolrede voll unterschiedlicher Bilder. Auch in der Bibel bezeichnet die Auferstehung der Toten an verschiedenen Stellen Unterschiedliches: mal das endzeitliche Verlassen der Gräber ohne Blick auf das Endgericht, mal gerade die Auferweckung zum Gericht; mal ist die Rede von der Verwandlung der Lebenden (das hofft auch der Apostel Paulus), mal wird selbst die Taufe als eine Auferstehung von den Toten bezeichnet.

Das zeigt zugleich: Sie geschieht täglich, nicht erst am Ende aller Tage. Es kann ein unverhofftes Wiedersehen mit einem Zerstrittenen sein ebenso wie die erlösende Nachricht eines Arztes, die Lebensfreude aufgrund der Geburt eines Kindes wie die neue Freundschaft zu einem Fremden.

Werden wir alle auferstehen? Im weitesten Sinne ja. Die „Auferstehung der Toten" ist ein anderes Wort für das Handeln Gottes, „der die Toten lebendig macht und das, was nicht ist, ins Dasein ruft" (Römerbrief 4,17). Auferstehung kann jeder erleben.

Eduard Kopp

Sie geben der Kirche Gesicht und den Gläubigen
Halt: die Märtyrer und Heiligen. *Doch über*
ihre Fähigkeiten streiten sich die Konfessionen

Wofür sind Heilige gut?

Viele Jahrhunderte lang gehörten sie zu den Besten der Besten in der christlichen Kirche: Märtyrer und Heilige, die durch ihre unbestechliche Glaubenstreue zu Vorbildern für die späteren Generationen geworden sind. Zu Anfang Stephanus, der erste Märtyrer, der gesteinigt wurde, weil er zu harte Kritik übte am jüdischen Gesetzesdenken im frühen Christentum. In jüngster Zeit ein Dietrich Bonhoeffer, der daran Anstoß nahm, dass ein nationalsozialistischer Staat Kirche und christlichen Glauben seinen totalitären Zielen unterwirft. An Glaubenszeugen wie Stephanus oder Bonhoeffer richten sich Menschen auf. Ihr Vorbild färbt ab.

Der evangelische Pfarrer Bonhoeffer: ein Heiliger? Ein Märtyrer ohne Zweifel – es waren die Nationalsozialisten, die ihn, den „persönlichen Gefangenen des Führers", am 9. April 1945 im KZ Flossenbürg mit dem Strang hinrichteten. Aber ein Heiliger? Die evangelische Kirche kennt keine Heiligen im katholischen Sinn, aber manchmal nutzt sie den Begriff, um besonders vorbildliche Christen hervorzuheben. Der „evangelische Heilige Bonhoeffer" (Wolfgang Huber) war ein solcher. Beim 60. Jahrestag seiner Hinrichtung fiel immer wieder dieser Begriff.

Heilige sind Vorbilder, aber ihre Bedeutung selbst für die Christen sinkt. Für 90 Prozent der Protestanten und 70 Prozent der Katholiken haben sie keine oder nur eine geringe Bedeutung. Zugleich lässt sich beobachten: Die evangelische und die katholische Position zum Thema gleichen sich einander an: Die römisch-katholische Heiligenverehrung ist erheblich zurückgegangen, obwohl der verstorbene Papst Johannes Paul II. fast doppelt so viele Menschen heiliggesprochen hat wie seine Vorgänger in 400 Jahren. Und in der

evangelischen Kirche setzt sich die Einsicht durch, dass die Ablehnung des Heiligengedenkens seit der Reformation zu weit gegan-
gen ist: Mit der Ablehnung von Wunderglauben und überirdischen
Kräften hatte man die Heiligen als Vorbilder beseitigt.

Heute haben Protestanten keine Probleme mehr mit den „Heiligen" im Sinne solcher Vorbilder. Nicht nachvollziehbar ist für sie,
dass Heilige so etwas wie Anwälte der Menschen vor Gottes Thron
sind. Dass zu den Heiligen gebetet wird, um bei Gott mehr Gehör zu
finden, widerspricht dem evangelischen Prinzip, dass jeder Mensch
eine unmittelbare Beziehung zu Gott haben kann. Für den sanften
Reformator Melanchthon und den jungen Martin Luther war es
noch denkbar, dass Heilige Fürsprecher bei Gott sind, immer unter
der Voraussetzung, dass der einzige Mittler zu Gott Jesus Christus
ist. Doch für „Abgötterey" hielten die Reformatoren die Verehrung
der Heiligen in dem Sinn, dass sie eine eigene Macht haben, die
Geschicke auf Erden und im Himmel zu lenken. Luther sprach sehr
kritisch über die Wirkung von vermeintlichen „Nothelfern". Alle
Formen der Heiligenverehrung, die darauf beruhen, dass Heilige
die Verhältnisse verändern können, kamen für Luther damals und
kommen für Protestanten heute keinesfalls in Frage. Die Wunder-
kraft eines Josemaría Escrivá de Balaguer, des Gründers der katholischen Geheimorganisation Opus Dei (Werk Gottes), zählt auch
dazu: Er soll die vollkommene Heilung eines krebskranken Arztes
von Radiodermitis, also Schäden durch Röntgenstrahlen, „gewirkt"
haben. Der Nachweis eines solchen Wunders, der von katholischer
Seite als Voraussetzung für die Heiligerklärung genannt wird, liegt
außerhalb evangelischen Denkens.

Nach evangelischem Verständnis bilden Heilige auch keinen fest
umrissenen kleinen Kreis von Personen, die in einem offiziellen Ver-
handlungsprozess den Status als Vorbilder zugesprochen bekommen.
Weder müssen Heilige bereits tot sein, noch bedürfen sie einer offiziellen Approbation. Wenn Protestanten von Heiligen sprechen, dann
in einem weiten, sehr offenen Sinn: als Zeugen des Glaubens.

Die Eingangsfrage „Wofür sind Heilige gut?" lässt sich eindeutig beantworten: Sie geben ein Beispiel dafür, was es heißt, den Glauben mutig zu bekennen, selbst dann, wenn man dafür erhebliche Nachteile in Kauf nehmen oder sogar das Leben einsetzen muss. Nur: Dass sich durch die Verehrung der Heiligen oder die Bitte um ihre Fürsprache bei Gott die Verhältnisse hienieden verbessern, ist für Protestanten abwegig. Und ob jemand heilig ist oder nicht, erweist sich für sie nicht in einem geld- und kräftezehrenden Prozess. Heilig sind alle Menschen, die sich von der Gnade Gottes erreichen lassen: die gesamte Kirche. Das darf sich auch ruhig in ihrem alltäglichen Verhalten niederschlagen.

Eduard Kopp

Manchmal erscheint das eigene Leben wie ein Scherbenhaufen. Wer will, sucht dann Zuflucht in der persönlichen Aussprache über Schuld und Reue *– ein kirchliches Angebot mit einer wechselhaften Geschichte*

Beichte – für Protestanten überholt?

Zu mitternächtlicher Stunde nimmt Priester Michael Logan eine unheimliche Beichte ab: Sein Küster gesteht einen Mord. Logan rät ihm, sich der Polizei zu stellen. Doch dem Küster fehlt der Mut. Später verdächtigt die Polizei den Priester des Mordes. Logan könnte sich leicht vom Verdacht befreien. Doch er wahrt das Beichtgeheimnis. Das Gericht spricht Logan mangels Beweisen frei. Das Publikum aber tobt und verlangt Rache. Logan schwebt in großer Gefahr.

Eines stellt Regisseur Alfred Hitchcock mit Priester Logan im Film „Zum Schweigen verurteilt" sehr zutreffend dar: Pfarrer sind ausgesprochen verschwiegen, wenn es um die Beichte geht. Das gilt für katholische wie evangelische Pfarrer. Nur so kann sich jeder darauf verlassen, dass alles, was in der Beichte zu Wort kommt, streng vertraulich ist.

Nicht nur Katholiken können bei schweren Vergehen eine persönliche Beichte, also ihr eigenes Sündenbekenntnis, ablegen, sondern auch Protestanten. Für jeden Christen gehört die Beichte zur Buße. Und Buße ist tätige Selbstkritik sowie der Versuch, sich zu bessern. Mit dem Sündenbekenntnis erkennt der Christ an, dass durch sein verkehrtes Tun das Verhältnis zwischen Gott und Mensch gestört ist. Die ritualisierte Form ermöglicht dem Beichtenden, so etwas wie eine innere Reinigung zu erleben.

Die kirchliche Buße sieht traditionell vor, dass der Sünder zunächst seine Vergehen von Herzen bereut und sie vor einem Geistlichen bekennt. Dann erst kann dieser den Reumütigen von seiner

Sünde lossprechen (Absolution) und gegebenenfalls eine gute Tat als Zeichen der Reue verlangen.

Absolution empfängt nur, wer Reue zeigt. Natürlich kann der Pfarrer nicht immer sicher sein, ob die Reue echt ist. Theologen gehen aber davon aus, dass in Zweifelsfällen denjenigen, der mit der Beichte sein Spiel treibt, die Zusage der göttlichen Vergebung ohnehin nicht erreicht. Nur für den, der bereut, ist Vergebung überhaupt wichtig.

Wenn jemand ein Verbrechen beichtet – was selten vorkommt –, verlangt der Pfarrer, dass sich der Täter der Polizei stellt. Meist aber geht es um persönliche Gewissensnot: Jemand hat seinen Partner betrogen, er hat einem Kind unrecht getan, die Eltern belogen oder mutwillig eine Beziehung zerstört. Oft lässt sich das zerschlagene Porzellan nicht mehr kitten. Die eigene Schuld wird beim Namen genannt, das Beichtgespräch macht den Weg frei für eine Neubesinnung.

Die Reformatoren haben den Nutzen der Beichte nie bestritten. Im Gegenteil: Noch 150 Jahre nach Luthers Tod war es üblich, dass jeder Protestant regelmäßig zur persönlichen Beichte ging. Erst im Zeitalter des Pietismus, als die Protestanten die individuelle Frömmigkeit betonten und der Dogmen überdrüssig waren, begannen sie, erste Beichtstühle aus den Kirchen zu räumen.

Grund dafür war die Klage über eine angebliche Verflachung der Beichte. Ganz im Sinne des Reformators Martin Luther empfanden es die frühen Pietisten als falsch, sich mit floskelhaften Schuldbekenntnissen die Absolution des Pfarrers einzuholen. Man forderte Ernsthaftigkeit und schaffte den in der Theorie längst beseitigten, aber praktisch noch immer gültigen Beichtzwang ab.

Seit dem frühen 18. Jahrhundert überlassen es Protestanten dem Einzelnen, ob er von der Aussprache mit dem Pfarrer Gebrauch macht oder nicht. Ihnen reicht zumeist, dass die Gläubigen am Anfang jedes Gottesdienstes eine allgemeine Beichte ablegen. Die Folge war, dass Beichtstühle in evangelischen Kirchen überflüssig wurden.

Im 19. Jahrhundert machten viele Protestanten aus der Not eine Tugend. Sie behaupteten, der Verfall der Beichte sei eine Errungenschaft der Reformation. In Wahrheit hatte Martin Luther bis zu seinem Tod 1546 regelmäßig gebeichtet. Gleichwohl: Im 19. Jahrhundert taten viele Protestanten die persönliche Beichte als katholische Eigenart ab.

Erst nach der Entdeckung der Psychoanalyse lernten evangelische Christen aufs Neue, welche Heilwirkung in einer persönlichen Aussprache liegen kann. Seither hat die Seelsorge im Alltag der Pfarrer stark an Gewicht gewonnen. Zwar folgt nicht jedes Seelsorgegespräch formal den Schritten der Buße mit Sündenbekenntnis und Lossprechung. Aber vertrauliche, offene Gespräche und die Bitte um Gottes Vergebung haben ihren festen Platz in der evangelischen Kirche. Gerade in schweren Gewissenskonflikten sind Pfarrer oft die einzigen vertrauenswürdigen Gesprächspartner. Und wer sich ausspricht, findet leichter Klarheit bei sich selbst.

Burkhard Weitz

111

Taufe, Konfirmation und Trauung sind Höhepunkte im Leben. Deshalb möchten viele sie im Bild verewigen. Aber wie feierlich ist es dann noch, das Ritual?

Stört das Fotografieren in der Kirche die religiöse Andacht?

Das Vorgespräch zur Trauung ist fast zu Ende. Pfarrer und Brautpaar sind zufrieden. Da sagt der Bräutigam: „Wir haben einen Fotografen bestellt, der den ganzen Gottesdienst fotografiert. Sie haben doch nichts dagegen, oder?" Der Pfarrer zuckt zusammen: „Das habe ich eigentlich nicht so gerne – schon gar nicht vorn im Altarraum." Das Paar ist aufgebracht: „Was? Warum denn das nicht?" Ein Wort gibt das andere, schließlich sagt die Braut erbost: „Wir suchen uns eine andere Kirche!"

Der Wunsch, während des Gottesdienstes aus nächster Nähe zu fotografieren, sorgt immer wieder für Debatten und Misstöne im Gemeindealltag. Viele Menschen möchten „ihre" Gottesdienste zur Trauung, zur Taufe oder zur Konfirmation der Kinder im Bild oder Film festhalten, um sich später besser daran zu erinnern. Andererseits fürchten Pfarrerinnen und Pfarrer, dass die Andacht der Gemeinde und die Konzentration auf Gebet, Predigt und Bibelwort gestört werden, wenn es klickt und blitzt.

Mit dem Bildermachen gab es schon Ärger, lange bevor die Fotografie erfunden wurde. Das zweite Gebot, das Mose, der Führer der Israeliten, einst auf dem Berg Sinai von Gott empfing, lautet: „Du sollst dir kein Bildnis noch irgendein Gleichnis machen, weder von dem, was oben im Himmel, noch von dem, was unten auf Erden, noch von dem, was im Wasser unter der Erde ist" (2. Mose 20,4). Dieses biblische „Bilderverbot" bezog sich zunächst auf Verehrung anderer Götter, die oft in Kultbildern gezeigt wurden. So wird es in der berühmten Geschichte vom Goldenen Kalb erzählt: Als Mose auf dem Sinai war, um Gottes Gebote entgegenzunehmen, trug das Volk Israel all seinen goldenen Schmuck zusammen, machte daraus eine Tierstatue und sang: „Das ist dein Gott, Israel, der dich aus Ägyptenland geführt hat" (2. Mose 32,4). Dieser „Tanz ums Goldene Kalb" wurde sprichwörtlich. Er steht bis heute für die Verehrung eines von Menschen gemachten Götzen anstelle des biblischen Gottes – und im übertragenen Sinne für die Fixierung auf Äußerliches auf Kosten religiöser Hingabe und Versenkung.

Zugegebenermaßen geht es beim Fotografieren im Gottesdienst um den verständlichen Wunsch der Angehörigen, einen religiösen Moment festzuhalten, der von Bedeutung für das weitere Leben ist. Bei Taufen, Trauungen und Konfirmationen gibt es schließlich eine ganze Menge zu sehen. Es sind bewusste Akte des Sichtbarmachens. Gesten wie das Niederknien, das Segnen oder das Händefalten sind ja gerade Zeichen, deren Sinn sich nur durch das Sehen erschließt. Aber genau da liegt der Unterschied zwischen Realität und Fotografie: In einem Gottesdienst geht es um das intuitive, direkte, religiöse Erlebnis im Rahmen einer Gemeinde.

Die Vorbehalte vieler Pastoren gegen das Fotografieren rühren daher, dass das Entscheidende nicht auf das Bild gebannt werden kann. Gottesdienste und vor allem Amtshandlungen bekommen ihren Sinn nur durch das innere Geschehen in der versammelten Gemeinde. Dieses innere Geschehen im Gottesdienst hat Vorrang vor seiner Dokumentation. Deshalb erscheint es bedenklich, der sichtbaren „Außenseite" eines Gottesdienstes eine dominierende Rolle einzuräumen.

Zwar gibt es für die evangelische Kirche, anders als für die katholische, keine „heiligen Räume", keine geweihten Zonen, in denen das Fotografieren deshalb grundsätzlich in Frage steht. Für Protestanten ist die unmittelbare Beziehung des Einzelnen zu Gott entscheidend. Ein Kirchenraum dient dieser Gottesbegegnung, aber er ist kein notwendiges und deshalb besonders geschütztes Verbindungsglied zwischen Gott und Mensch. Doch allgemein gilt für beide Konfessionen das Wort des kleinen Prinzen aus Antoine de Saint-Exupérys Buch: „Man sieht nur mit dem Herzen gut. Das Wesentliche ist für das Auge unsichtbar!"

Viele Kirchengemeinden bitten deshalb darum, während des Gottesdienstes aufs Fotografieren zu verzichten. So rät zum Beispiel eine bayerische Kirchengemeinde auf ihrer Website: „Versuchen Sie, so viel wie möglich auf Ihrem ‚geistigen Film' festzuhalten." Auch ein praktischer Tipp macht die Runde: Man kann einige Rituale in aller Ruhe nach dem Gottesdienst nachstellen. Die meisten Pfarrer sind dazu bereit. Das hat zwei Vorteile: Es stört nicht den Gottesdienst, und die Bilder werden meistens viel besser.

Reinhard Mawick

Angenommen, sonntags morgens wären die Sport-plätze verriegelt und der Frühschoppen fiele aus. Würde das helfen, die Gotteshäuser zu füllen?

Muss man sonntags zur Kirche gehen?

Im Jahr 789 gab Karl der Große einen kaiserlichen Erlass heraus. Er regelte, was seine Untertanen sonntags zu tun und zu lassen hatten. Den Frauen untersagte er, Schafe zu scheren, Wolle zu zupfen, zu weben, Kleider zuzuschneiden, zu nähen oder zu waschen. Den Männern verbot er die Arbeit auf den Feldern und in den Weinbergen, das Mähen, Pflügen und Ernten, das Häuserbauen und die Gartenarbeit. Einen Wagen zu benutzen erlaubte er nur, um in den Krieg zu fahren, Lebensmittel herbeizuholen oder Tote auf den Friedhof zu bringen. All dies diente einem einzigen Zweck: damit die Menschen „von überall her zur Messfeier in die Kirche kommen und Gott loben ob all des Guten, das er uns an diesem Tag erwiesen hat".

Es war beileibe nicht die erste staatliche Rechtsnorm in Sachen Sonntagsheiligung, aber sie betonte besonders deutlich die Pflicht zum Kirchgang. Die Kirche ihrerseits hatte schon um das Jahr 100 nach Christus den Abendmahlsbesuch am „Herrentag" angeordnet (in der Lehrschrift „Didache"). Den Christen galt es als wichtige Pflicht, sich am Auferstehungstag Jesu, dem Tag nach dem Sabbat, also dem ersten der Woche, zum Gebet zu versammeln.

Heute bröckelt nicht nur der Konsens darüber, dass der Sonntag ein Tag der Ruhe und Besinnung ist. Auch der Besuch von Gottesdiensten ist bei vielen Katholiken und Protestanten unüblich geworden. Im Blick auf die katholischen Christen ist dies besonders erstaunlich, besteht doch für sie eine kirchengesetzliche Pflicht, sonn- und feiertags an einer Eucharistiefeier teilzunehmen. Kirchliches Gesetzbuch (CIC) und katholischer Katechismus lassen keinen Zweifel daran: „Am Sonntag und an den anderen gebotenen Feiertagen sind die Gläubigen zur Teilnahme an der Messfeier verpflichtet" (Kanon 1247 des CIC).

Eine vergleichbare Vorschrift gibt es in der evangelischen Kirche nicht, aber auch sie betont den Wert des Gottesdienstbesuchs. Zugleich geht sie – bis in die offiziellen Texte hinein – realistisch bis pragmatisch mit der geringen Zahl der Gottesdienstbesucher um. So heißt es in den neuen „Leitlinien kirchlichen Lebens" der lutherischen Kirchen Deutschlands geradezu bescheiden: „Etlichen Gemeindemitgliedern ist der Sonntagsgottesdienst wichtig für ihr Leben. Andere kommen nur selten… Für viele Kirchenmitglieder hat der sonntägliche Gottesdienst keine erkennbare Bedeutung."

Zunehmend werden in den evangelischen Gemeinden die geringe Anzahl der Kirchgänger und die deshalb kaum genutzten Kirchengebäude zum Diskussionthema. Denn während an gewöhnlichen Sonntagen immerhin noch rund 15 Prozent der Katholiken einen Gottesdienst besuchen, sind es auf evangelischer Seite ganze vier Prozent.

In diesen Zahlen spiegeln sich nicht nur die strengere Rechtsnorm der katholischen Seite und ihre intensivere Gottesdienstpraxis, sondern auch konfessionelle Unterschiede in der theologischen Einschätzung von Gottesdiensten überhaupt. Für Protestanten mehr als für Katholiken ist die Kirche ein Werk des Heiligen Geistes. Die Reformatoren unterschieden deshalb zwischen der sichtbaren und der unsichtbaren Kirche. Äußerlich ist nicht klar zu erkennen, wer zur Gemeinschaft der Gläubigen gehört. Auch wer auf Distanz zur Institution Kirche geht, mag ein gläubiger Mensch sein. Anders die Katholiken: Sie betonen die Schlüsselrolle der Kirche und ihrer Sakramente für das Seelenheil. Der Verzicht auf den Gottesdienstbesuch muss nach katholischem Verständnis den Glauben beschädigen, nach evangelischem nicht.

Vor allem die evangelische Kirche verweist beim Thema Sonntagsheiligung auch gern auf das Vorbild Jesu. Der pochte nicht auf die sture Einhaltung der jüdischen Religionsgesetze, sondern lenkte den Blick auf den Sinn des wöchentlichen Festtages als eine seelische und religiöse Wohltat. Seinen Kritikern sagte er: „Der Sabbat ist um des Menschen willen gemacht und nicht der Mensch um des Sabbats willen" (Markus 2,27).

Auch wenn es für Protestanten keine Pflicht zum Gottesdienstbesuch gibt, steht der Nutzen doch außer Frage. „Rituale geben der Seele Nahrung", sagt der Liturgieberater der nordelbischen Kirche, Thomas Hirsch-Hüffell. Aber dazu müssen sie in einem bestimmten Rhythmus wiederkehren.

Das Thema Sonntagspflicht bekommt gegenwärtig in der evangelischen Kirche wieder Auftrieb, und zwar in einer ganz neuen Weise: als persönliche Verpflichtung. Spirituelle Lehrer wie Thomas Hirsch-Hüffell schließen mit Menschen, die religiös weiterkommen wollen, einen Vertrag. Darin enthalten: Regeln zur Selbstdisziplinierung. Warum? „Wer etwas über sich und seine Welt erfahren will, muss Verpflichtungen eingehen." Mit Strenge und Humor überprüft der Lehrer die Fortschritte – ganz ohne Gesetze.

Eduard Kopp

„Mein Kind soll später einmal selbst entscheiden", sagen Eltern, die sich mit der Kindertaufe schwertun. Doch ob es eine wirklich *freie Entscheidung* in Glaubensdingen geben kann, ist sehr umstritten

Besser mit der Taufe warten?

Ein bisschen verwundert scheint der Säugling zu sein, der im weißen Festkleid zum Taufstein getragen wird. Seine offenen Augen folgen den strahlenden Gesichtern der Eltern und der vielen Festgäste, die schemenhaft an ihm vorbeiziehen. Das Taufwasser auf dem Kopf entlockt ihm ein paar Schreie, über ein Mikrofon hört die Kirchengemeinde alles mit. Paten und Eltern sind rasch zur Stelle, um dem Kleinen Haar und Stirn zu trocknen. Und vor allem werden sie gebraucht, um eine Frage wie diese zu beantworten: „Seid ihr bereit, dieses Kind zum Glauben an Jesus Christus zu führen und ihm zu helfen, dass es ein lebendiges Glied der Kirche bleibt, so antwortet: Ja, mit Gottes Hilfe."

Das Ja der Eltern und Paten hat Gewicht. Denn ab sofort gilt: Bis das Kind zu einem mündigen Gemeindemitglied herangewachsen sein wird und in der Konfirmation seine eigene Entscheidung für den Glauben und die Gemeinde deutlich macht, tragen sie den größten Teil der Verantwortung für die religiöse Entwicklung des Kindes.

Die Kindertaufe ist bis heute weitgehend Konsens und vorherrschende Praxis in den großen christlichen Kirchen. Zwar wächst die Zahl der jungen Menschen und Erwachsenen, die um Aufnahme in die Gemeinden bitten und dann getauft werden. So stieg seit Beginn der sechziger Jahre ihr Anteil an den evangelischen Taufen von einem auf acht Prozent. Doch grundsätzlich sprechen sich unter den Protestanten fast 80 Prozent für die Säuglings- oder Kleinkindertaufe aus. Knapp zwanzig Prozent der Evangelischen befürworten eine Taufe der Kinder erst in einem Alter, in dem sie selbst entscheiden können.

Das war nicht immer so. Bis ins fünfte Jahrhundert galt die Taufe vor allem als Angebot für Erwachsene. Je mehr sich aber das Christentum ausbreitete und schließlich zur gesellschaftlich bestimmenden Religion wurde und je mehr bereits getaufte Erwachsene ihrerseits Kinder bekamen, wuchs der Brauch, auch diese schon als Kinder zu taufen. Eine Rolle spielte dabei auch die populär werdende Erbsündenlehre, die es den Christen nahelegte, ihre Kinder möglichst frühzeitig aus dem Einflussbereich des Bösen zu befreien.

Als Anlass für ein Familien- und Gemeindefest, auch als Vergewisserung der Eltern, dass ihr Kind unter dem besonderen Schutz Gottes steht, ist die Kindertaufe heute beliebt. Eine Reihe evangelischer Gemeinschaften und Kirchen lehnen die Kindertaufe allerdings strikt ab. Dazu zählen die Pfingstkirchen (unter denen einige die Kindertaufe immerhin als gültig anerkennen). Ihnen fehlt darin jedoch eine nachvollziehbare Bekehrung des Taufwilligen und die Entwicklung eines persönlichen Glaubens. Nach Auffassung der Pfingstkirchen können sich nämlich nur Erwachsene ihres Glaubens bewusst sein. Auch die Baptisten taufen nur „mündige" Christen. Wer als Kind in einer anderen Kirche getauft wurde und sich erst später ihrer Gemeinschaft anschließt, wird noch einmal getauft.

Doch dass die Zahl der Erwachsenentaufen in Deutschland zunimmt, hat nicht – wie bei den Baptisten oder Pfingstlern – theologische, sondern zunächst demografische Gründe. Eine wachsende Zahl an Konfirmanden oder Teilnehmern am schulischen Religionsunterricht ist deshalb noch nicht getauft, weil in ihren Familien eine Kirchenmitgliedschaft unbekannt war.

Für die Kindertaufe spricht ein pädagogischer und ein theologischer Grund. Was Kinder nicht kennenlernen, werden sie nur schwerlich beurteilen können. Sicherlich werden sie die religiösen Einstellungen ihrer Eltern nicht unreflektiert übernehmen, sondern sich mit ihnen auseinandersetzen und ihre persönliche Haltung dazu finden. Doch der Satz „Mein Kind soll später einmal selbst entscheiden" beruht auf einer Fiktion: dass es eine freie, durch die Eltern unbeeinflusste Entscheidung der Jugendlichen in dieser Frage geben könnte. Ob sie in einer religiösen Familie aufwachsen oder nicht – es wird sie von Anfang an prägen.

Für die Kindertaufe spricht auch ein theologischer Grund: In ihr wird deutlich, dass Gott die Menschen voraussetzungslos und bedingungslos annimmt. Ein Säugling könnte auch gar keine Glaubens„leistung" erbringen. Umgekehrt ist auch die alleinige Erwachsenentaufe theologisch problematisch, knüpft sie doch ihrerseits Bedingungen an die Gnade Gottes: bewusste Bekehrung und „mündigen" Glauben.

Doch auch wer sich Zeit nimmt mit seiner Taufe, den schreibt Gott deshalb nicht ab. Dass Gott die Menschen liebt, gilt nach Auskunft der Bibel „vom Mutterschoß an" (Jesaja 46). Und es gilt auch das Versprechen: „Ich will euch tragen, bis ihr grau werdet." Da bleibt also noch etwas Zeit selbst für die, die sich erst als Erwachsene zum Christentum bekennen möchten.

Eduard Kopp

Wer ein Kind tauft, der sucht Menschen, die es begleiten und auf dem Weg ins Leben *an die Hand nehmen. Die Wunschpaten sind meist schnell gefunden. Fragt sich nur, ob es auch die richtigen sind*

Wer kann Pate werden?

Das Fest schien schon verdorben, bevor es angefangen hatte. Da sagte doch die Pfarrerin beim Gespräch mit den Eltern, eine Woche vor der geplanten Taufe: „Tut mir leid, aber diese Paten gehen nicht!" Die Eltern des halbjährigen Kindes waren in der Zwickmühle. Wie sollten sie das ihren besten Freunden beibringen? Die hatten sofort freudig zugesagt, Paten zu werden? Sicher, dass die beiden nicht in der Kirche sind, das wussten die Taufeltern. „Aber ist denn so etwas heute noch so schlimm?", fragten sie die Pfarrerin enttäuscht. Das Wichtigste sei doch, dass die Eltern den Paten vertrauten.

Die Geistliche schüttelte den Kopf: „Nein, Ihre Freunde können unmöglich Paten werden!" Ihr Argument: Das Patenamt sei ein kirchliches Amt, und das könnten nun mal nur Kirchenmitglieder ausüben. Schließlich müssten die Paten versprechen, dass sie bis zur Konfirmation gemeinsam mit den Eltern für die Erziehung ihres Patenkindes im christlichen Glauben sorgen würden. „Könnte das jemand glaubhaft versprechen, der sich selbst von der Kirche abgewendet hat?", fragte die Pfarrerin.

Irgendwie verstanden die Eltern das Anliegen der Pfarrerin. Aber auch sie hatten ein besonderes Anliegen bei der Wahl der Paten: Sie wollten diese Menschen gern in eine enge Beziehung zu ihrem Kind bringen. Was wäre, wenn ihnen selbst einmal etwas zustieße? Ihre Freunde hatten schon signalisiert, dass sie sich dann um das Kind kümmern würden. Dieses Versprechen, so die Eltern, sei ihnen viel wichtiger als die Kirchenmitgliedschaft ihrer Wunschpaten. Ein fragwürdiges Argument?

Als das Patenamt in der Alten Kirche entstand, hatte es eine ganz andere Bedeutung als heute: Der Pate musste für den damals in der

Regel erwachsenen Täufling vor der Gemeinde bürgen, dass es dieser mit dem neuen Glauben wirklich ernst meint. Schließlich konnte der Glaube dramatische Konsequenzen haben, denn im Römischen Reich gab es immer wieder grausame Christenverfolgungen.

Als das Christentum zur Staatsreligion in Europa geworden war, mussten die Paten sogar ein Examen ablegen, in dem getestet wurde, ob sie ihrem Patenkind denn auch den rechten Glauben beibringen könnten. Zu Beginn der Neuzeit wandelte sich mit der Taufe auch das Patenamt: Man bemühte sich, dem Kind möglichst angesehene und wohlhabende Paten zu verschaffen, denn man erwartete von ihnen zur Taufe und zu Geburtstagen reiche Geschenke.

Heutzutage möchten Eltern oft nahe Verwandte und besonders gute Freunde enger an ihre Familie binden, indem sie sie zu Paten wählen. Dadurch ist der kirchliche Sinn des Patenamtes bei den meisten Taufeltern in den Hintergrund getreten. Patenschaft gilt heute als Auszeichnung und Freundschaftsbeweis für die Paten und als eine Absicherung des Kindes im Falle eines Unglücks: Stößt den Eltern etwas zu, so die Hoffnung, springen die Paten ein.

Die meisten Pfarrerinnen und Pfarrer in der evangelischen Kirche haben Verständnis für solche sozial motivierte Patenwahl. Dennoch müssen sie darauf bestehen, dass zumindest ein Pate evangelisch ist oder zumindest einer anderen Kirche aus der Arbeitsgemeinschaft christlicher Kirchen angehört. Das könnte zum Beispiel auch ein Katholik sein. Die Kirche will nicht nur Zeremonienmeisterin für schöne Rituale sein, sondern daran erinnern, dass der christliche Glaube, die Gemeinschaft mit Gott im Zentrum steht. Durch die Taufe empfängt ein Mensch nach kirchlichem Verständnis nämlich mehr als nur einen feierlichen Glückwunsch für sein Leben. In der Taufe wird der Täufling Christ, und zum Christsein gehört die Kirche als Gemeinschaft der Glaubenden unverzichtbar dazu.

Doch es muss vor der Taufe keine Tränen geben. Meistens können sich Pfarrer und Eltern einigen. Die Pfarrerin kann die enttäuschten Taufeltern beruhigen: „Sie suchen einen zusätzlichen

Paten, der Kirchenmitglied ist. Wenn das schwierig ist, helfe ich Ihnen bei der Suche. Ihre ursprünglich vorgesehenen Paten werden als Taufzeugen an der Taufe beteiligt und auch in die Taufurkunde eingetragen."

Das Fest ist gerettet! Vielleicht aber ist gerade die Übernahme eines Patenamtes auch ein guter Grund, wieder in die Kirche einzutreten. Denn wer einen Täufling an die Hand nimmt, sollte wissen, wohin der Weg führt.

Reinhard Mawick

Wo Licht ist, da ist auch Schatten. Nur bei der Kirche scheint das anders zu sein. Hat sie sich zu Unrecht einen Heiligenschein *verpasst?*

Was ist heilig an der Kirche?

„Diesen Satz spreche ich schon lange nicht mehr mit", sagt die Frau verbittert. „Diesen nicht! Ich habe in den vergangenen dreißig Jahren in meiner Kirchengemeinde viel erlebt, was ganz und gar nicht heilig ist." Was ihr solche Probleme macht, ist ein Satz aus dem Glaubensbekenntnis, das jeden Sonntag in den Gottesdiensten gesprochen wird: „Ich glaube an die heilige christliche Kirche." Dem steht ihre Erfahrung entgegen, dass es im Kirchenbetrieb manchmal allzu irdisch zugeht. Neid, Zank und langweilige Gottesdienste – nein, winkt sie ab, mit der Heiligkeit der Kirche sei es nicht weit her.

Ist es nicht tatsächlich vermessen, wenn sich die Kirche das Attribut heilig zulegt? Schließlich sind in ihr auch nur Menschen am Werk, und es gibt nicht wenige Kapitel in der Geschichte der Kirche, die an ihrer Heiligkeit zweifeln lassen: Kreuzzüge, Judenhass, Hexenverbrennungen und verlotterte Päpste. Doch trotz all dieser Schwächen und historischen Verfehlungen beharrt der christliche Glaube darauf, dass die Kirche heilig sei. Wie das?

Bei dem Satz „Ich glaube an die heilige christliche Kirche" geht es zunächst einmal nicht um ihre hauptamtlichen Mitarbeiter. Die Kirche, die im Glaubensbekenntnis gleichsam heilig gesprochen wird, meint die Gemeinschaft aller getauften Menschen. Wichtiger aber ist, vor allem für Protestanten: Christen glauben an sich selbst als Teil von etwas Größerem, als Teil der „Gemeinschaft der Heiligen".

Der Protestantismus hat nämlich einen doppelten Kirchenbegriff: Es gibt einerseits die sichtbare Kirche, die sich weltweit in ihren Personen und Werken zeigt, und die unsichtbare Kirche, die wie ein inneres geistliches Band alle Christen vor Gott zusammenführt, auch die unterschiedlichen Konfessionen. Diese unsichtbare Kirche ist nach evangelischem Verständnis die „heilige christliche Kirche" des Apostolischen Glaubensbekenntnisses.

Der dritte Artikel dieses Bekenntnisses beginnt so: „Ich glaube an den Heiligen Geist, die heilige christliche Kirche, Gemeinschaft der Heiligen." Nach evangelischem Verständnis ist Kirche dort, wo „die Versammlung aller Gläubigen ist, bei denen das Evangelium rein gepredigt und die heiligen Sakramente laut dem Evangelium gereicht werden". So steht es im siebten Artikel des Augsburger Bekenntnisses aus dem Jahre 1530. Er macht deutlich, wie wichtig für den Glauben die Gemeinschaft ist, ja, ohne Gemeinschaft ist Glaube kaum denkbar. So bringt es auch Jesus zum Ausdruck: „Wo zwei oder drei in meinem Namen versammelt sind, da bin ich mitten unter ihnen." (Matthäus 18,20).

Dass für die Heiligkeit der Kirche nicht die bloße Erfüllung bestimmter Gebote den Ausschlag gibt, lässt sich aus dem achten Artikel des Augsburger Bekenntnisses entnehmen. Der stellt ganz realistisch fest, dass auch „unter den Frommen viele falsche Christen und Heuchler, auch öffentliche Sünder" sind. Zugleich betont er aber, dass auch deren kirchliches Wirken und Werken, zum Beispiel die Verwaltung der Sakramente, „gleichwohl wirksam" ist. Dies könnte Menschen, die ob des realen Gemeindelebens zuweilen an der Kirche verzweifeln, trösten. Außerdem beugt es dem Missverständnis vor, Kirchenmitglieder seien bessere Menschen. Heilig in Bezug auf die Kirche heißt nicht fehlerfrei und sündlos.

Anders als die evangelischen Christen, die zwischen sichtbarer und unsichtbarer Kirche unterscheiden, gehen die katholischen davon aus, dass historische Gestalt und geistliche Dimension in ihr weitgehend identisch sind und dass die heilige, allgemeine (mit dem griechischen Wort: katholische) Kirche nur in der römisch-katholischen Kirche vollständig verwirklicht ist. Deshalb sind andere christliche Konfessionen nach ihrem Verständnis nicht Kirchen, sondern „kirchliche Gemeinschaften".

Was ist heilig an der Kirche? Für Protestanten weder Amt noch Institution, sondern das, was Martin Luther so auf den Punkt brachte: Christus schenkt den Sündern (auch jenen in der Kirche!) „himmlische Reinheit, Gerechtigkeit und Herrlichkeit und nimmt dafür ihre Sünde, Ungerechtigkeit und Strafe auf sich". Mit moralischem Selbstlob der Kirche hat das rein gar nichts zu tun.

Reinhard Mawick

*Jugendliche feiern Geisterpartys, Kinder ziehen
als Zombies von Tür zu Tür. Seit einigen Jahren geht
am 31. Oktober ein* neuer Gruselkult *durchs
Land. Ein künstlicher Brauch mit Schattenseiten*

Ist Halloween ein gefährliches Fest?

„Süßes oder Saures", rufen die Gespenster mit den blassen Gesichtern. Die Frau an der Haustür rückt Schokoladenriegel heraus. Die verkleideten Kinder ziehen vergnügt davon.

Innerhalb weniger Jahre hat sich ein neuer Brauch aus den USA in Deutschland etabliert. Man stellt sich an Halloween Kürbisleuchter mit Fratzen ins Fenster, Jugendliche gehen auf Gruselpartys, Kinder ziehen verkleidet von Tür zu Tür. Längst hat sich herumgesprochen, dass man am 31. Oktober Süßigkeiten im Haus haben und sie ohne Murren herausrücken sollte. Volkskundler sind begeistert: Erstmals erleben sie live die Entstehung eines neuen Brauchs.

Nicht umsonst ist Halloween so beliebt. Zum einen ist es eine Art vorgezogenes Faschingsfest. Als Mumien, Zombies, Werwölfe oder Frankenstein jagen Kinder anderen Angst ein. Sie übernehmen die Rolle des Starken, des Angstmachers, der selbst keine Angst hat. Und oft genug funktioniert das auch. Selbst Erwachsene lassen sich während der stürmischen, unheimlichen Jahreszeit leichter verunsichern als sonst.

Mit seinen bunten Laub- und prallen Kürbisdekorationen erinnert Halloween aber auch an eine Erntefeier: An überladene Festtafeln und ausgelassene Gelage. Und der Laternenkult ist ein Vorgriff aufs Martinsfest am 11. November, passend zum frühen Einbruch der Dunkelheit. So gesehen gibt sich Halloween als Mischfest aus Fasching, Erntedank und Martinstag.

Natürlich gefällt nicht jedem der Spruch „Süßes oder Saures". Vollständig müsste er lauten: „Gib uns Süßigkeiten oder wir geben dir Saures", eine Gewaltandrohung. Zusammen mit der Teufelsfratze löst er Unbehagen aus. Aber was sollen Kinder einem schon antun? Einen Klingelstreich spielen oder Chinaböller in den Vorgarten werfen.

Gleichwohl nimmt die Zahl derer zu, die vor Halloween warnen. Denn längst haben sich Esoteriker, Neuheiden und Satanisten das Fest angeeignet. Sie behaupten, Halloween sei eine uralte, keltische Tradition. Mit dem Beginn der dunklen Jahreszeit habe nach dem Glauben der Druiden ein Todesfürst namens Samhain die Herrschaft angetreten. Fabelwesen hätten ihr Unwesen getrieben, Tote sich den Körper von Lebenden gesucht. Um dem zu wehren, hätten die Druiden Samhain Opfer gebracht.

All diese Herleitungen sind allerdings falsch. Einen Todesfürsten Samhain hat es nie gegeben, ebenso wenig einen druidischen Glauben, dass Tote in die Körper der Lebenden schlüpfen. Höchst unwahrscheinlich sei, so der Volkskundler Helge Gerndt, Professor an der Universität München, dass das moderne Halloween überhaupt mit keltischen Bräuchen zu tun habe.

Bedenklich sind solche Herleitungen, wenn sie jedem Unwesen den Anstrich von Legitimität verleihen. Unterstellt wird: Das wilde Treiben entspreche der authentischen Lebensart unserer Vorfahren. Ein angeblich engstirniges Christentum habe die frühere Freizügigkeit unterdrückt.

In den USA gelten Exzesse an Halloween schon als üblich. Gelegentlich werden dabei Häuser und Autos in Brand gesetzt. In Deutschland zelebrieren Satanisten Halloween als Tag des Teufels. Aus dem Ulkfest machen sie eine Inszenierung des Bösen. Mancher kann Verkleidung und Realität nicht unterscheiden. Wo das der Fall ist, geht tatsächlich eine Gefahr von Halloween aus.

Richtig ist: Halloween ist traditionell ein christliches Fest. „Allhallows Eve" heißt es vollständig: Vorabend zu Allerheiligen, dem Gedenktag der verstorbenen Heiligen. Die Idee, Allerheiligen am 1. November zu feiern, stammt aus Irland. Schon die alten Kelten feierten um diese Zeit das Erntefest „Samhain", zu Deutsch: Sommerende. Vermutlich begingen sie es so, wie man immer und überall zum Ende der Erntezeit gefeiert hat, nämlich fröhlich und ausgelassen.

In seiner heutigen Form stammt Halloween von irischen Einwanderern in den USA. Sie erzählten an dem Tag die eher unheilige Legende vom Trunkenbold Jack O'Lantern, der durch eine List der Hölle entging, wegen seiner Trunksucht aber auch nicht in den Himmel kam. Jack O'Lantern muss bis zum Jüngsten Gericht im Dunkel zwischen Himmel und Hölle wandern. Eine ausgehöhlte Rübe dient ihm als Laterne.

Die Legende passt zum Brauch, zu Allerheiligen Laternen aus Rüben zu schnitzen. Als die irischen Einwanderer in Amerika heimisch wurden, nahmen sie statt der mickrigen Rüben pralle Kürbisse. Und da die Geschichte vom Jack O'Lantern gruselig ist, schnitt man grässliche Fratzen hinein.

Allen populären Erklärungen zum Trotz ist Halloween ein christliches, kein heidnisches Fest. Früher war es ein ruhiges Fest und daher weniger attraktiv. Heutzutage bevorzugt man Gruselmasken: ein Spaß für diejenigen, die Realität und Maske unterscheiden können. Gefährlich aber für alle, die sich selbst für das Monster auf ihrer Maske halten.

Burkhard Weitz

Hahn oder Schwan?

Beides gibt es aus goldglänzendem Metall auf den Turmspitzen von Kirchen – und weitere Symbole wie das Kreuz oder Posaunenengel noch dazu. Der Schwan, wie er beispielsweise den Turm der evangelischen Kirche von Monschau in der Eifel ziert, ist ein altes Symbol aus der Zeit der Vorreformation. Der böhmische Theologe Jan Hus nannte sich auf Deutsch Johannes Gans. Anfang des 15. Jahrhunderts wurde er als Ketzer hingerichtet. Auf dem Weg zum Scheiterhaufen soll er gesagt haben: „Ich bin nur eine arme Gans; aber nach mir kommt ein Schwan, den ihr nicht werdet rösten können." Später wurde diese Weissagung auf den Reformator Martin Luther bezogen, der Schwan wurde dadurch zum lutherischen Symbol. Hähne auf Kirchtürmen gibt es mindestens seit dem Jahr 820. Der erste ist in der norditalienischen Stadt Brescia belegt. Sie gelten als Symbol der Wachsamkeit, im engeren Sinn als Symbol für Christus, denn wie der Hahn den kommenden Morgen ankündigt, so Christus die neue Zeit.

Fisch

Der Fisch ist ein uraltes christliches Symbol. Auch heute sieht man es gelegentlich in der Öffentlichkeit, zum Beispiel als Aufkleber auf einem Auto. Im frühen Christentum war es ein Geheimzeichen: Aus den Anfangsbuchstaben der griechischen Worte für „Jesus Christus – Gottes Sohn – Retter" ergab sich das Wort „Ichthys", und das bedeutet eben „Fisch". Darüber hinaus gibt es im frühen Christentum viele Anknüpfungspunkte mit Fischen und Fischerei: Jesu erste Jünger waren von Beruf Fischer. Jesus nannte seine Anhänger „Menschenfischer". Einige seiner Wunder haben mit dem Fischfang zu tun. Auch vergleicht Jesus seine Situation einmal mit der des Propheten Jona: So wie dieser drei Tage und drei Nächte im Bauch eines Fisches verbrachte, so werde er selbst drei Tage und Nächte im Schoß der Erde sein (Matthäus 12,40). Damit spielte Jesus auf die Zeit zwischen Tod und Auferstehung an.

Rose

Die Rose galt schon in der Antike als Symbol der Verschwiegenheit. Rosen um den Weinbecher gewunden sollten den Zecher gemahnen, ja nichts auszuplaudern. Diese Symbolik der Verschwiegenheit führte dazu, dass seit dem Mittelalter Beichtstühle mit geschnitzten Rosen verziert werden. Daher die Redewendung, dass man etwas „subrosa", im Vertrauen, sage. Ab dem Mittelalter ist die Rose Symbolpflanze der Jungfrau Maria, sie wird häufig in einer Rosenlaube dargestellt. Das bekannte Weihnachtslied „Es ist ein Ros' entsprungen" bezieht sich auf Jesaja 11,1: „ Es wird ein Spross hervorgehen aus dem Stamm Isais und ein Zweig aus seiner Wurzel Frucht bringen." Diese Stelle wurde später von der Kirche auf das Kommen Christi gedeutet.

Liebe

ist mehr als ein Gefühl für den Wonnemonat Mai. Liebe ist eine Grundkonstante menschlicher Beziehungen. Am Anfang steht die Liebe der Eltern zum Kind, dann folgen das Buhlen der Geschwister um die Liebe der Eltern, die freundschaftliche Liebe (griechisch: Philia) und schließlich die Liebe (Eros) zwischen jugendlichen und zwischen erwachsenen Partnern. Wo die Fähigkeit zu lieben über die Freundschaft und Partnerschaft hinauswächst, kann sie zu Nächstenliebe werden, manchmal sogar zu Feindesliebe. Im Hinduismus gilt die bedingungslose Hingabe an Gott (Bhakti) als vollendete Gottesliebe. Im Christentum schließt die Liebe zu Gott auch den Zweifel an oder das Hadern mit Gott ein. Entscheidend ist aber, dass Gott den Menschen bedingungslos liebt.

Osterlachen

Im Mittelalter und Frühbarock ging es überaus vergnügt in der Kirche zu. Vor allem am Ostersonntag war es üblich, die Gemeinden mit Witzen, ja sogar mit Zweideutigkeiten und Zoten zum Lachen zu bringen. Das Osterlachen sollte ausdrücken: Die Erlösung durch die Auferstehung Christi betrifft den Menschen mit Leib und Seele. Ausgerechnet Aufklärung und Rationalismus verbannten ab dem 18. Jahrhundert solche ganzheitliche Osterfreude aus der Kirche. Sie klingt heute aber noch in einigen Chorälen an, zum Beispiel in „Auf, auf, mein Herz, mit Freuden", wo es in der 5. Strophe heißt: „Die Welt ist mir ein Lachen / mit ihrem großen Zorn, / sie zürnt und kann nichts machen, / all Arbeit ist verlorn." (Evangelisches Gesangbuch 112,5)

Säulenheilige

griechisch Styliten, sind fromme Männer der Antike, die ein entbehrungsreiches, asketisches Leben auf der kleinen Plattform einer Säule verbrachten in der Hoffnung, dort Gott näher zu sein. Dort verbrachten sie Monate, Jahre, vielleicht sogar Jahrzehnte vor den Augen anderer oder in der Abgeschiedenheit. Einer der bekanntesten Säulenheiligen ist der Priester und Klostergründer Symeon der Jüngere, der von 521 bis 592 in der Nähe von Antiocheia lebte und seit seinem sechsten Lebensjahr und dann über mehrere Jahrzehnte hinweg nacheinander auf drei Säulen und einem Felsen lebte und zahlreiche Pilger anzog. Er galt als einigermaßen gebildet.

Weihrauch

ist eine Mischung aus Harzkügelchen orientalischer Bäume und Sträucher, vor allem der verschiedenen Arten des Balsambaumes Boswellia und des Gummiharzbaumes Galbanum. Das aromatische Harz, das durch Einritzen des Stammes gewonnen wird, duftet beim Verbrennen aromatisch. Weihrauch, traditionell ein Luxusgut, fand als Opfergabe im jüdischen Kult sowie in der byzantinischen Kaiserverehrung Verwendung. Er wird bis heute in christlichen, vor allem katholischen Gottesdiensten benutzt. Der aufsteigende weiße Rauch gilt als Symbol für das zu Gott aufsteigende Gebet. Zu Beginn eines feierlichen Gottesdienstes wird der Altar und vor der Lesung des Evangeliums die Bibel beräuchert, später Brot und Wein sowie die Gemeinde.

Kreuzeszeichen

Es gilt als ein prägnantes Unterscheidungsmerkmal zwischen den christlichen Konfessionen: das Kreuzeszeichen. Katholiken bekreuzigen sich, indem sie mit der rechten Hand nacheinander Stirn, Brust, linke und rechte Schulter berühren. Sie tun dies, wenn sie eine Kirche betreten und im Gottesdienst den Namen des dreieinigen Gottes anrufen: Vater, Sohn und Heiliger Geist. Auch beim Segen bekreuzigen sie sich. Die protestantische Abneigung gegen das Kreuzschlagen schwindet langsam. Sie rührte daher, dass diese Handlung katholischerseits als unbedingt notwendiges Zeichen angesehen wurde, um das Abendmahl gültig zu vollziehen. Martin Luther hatte in seinem „Kleinen Katechismus" noch gefordert: „Des Morgens, so du aus dem Bette fährest, sollst du dich segnen mit dem Zeichen des heiligen Kreuzes und beten."

Hokuspokus

gilt gemeinhin als uralte volkstümliche Verballhornung der unverständlichen lateinischen Eucharistieformel „Hoc est corpus meum (dies ist mein Leib)." Zwar verweisen manche Nachschlagewerke auf die Abstammung aus der Zauberformel „Hax Pax Max Deus Adimax" aus dem 16. Jahrhundert, andere hingegen (zum Beispiel Meyers Großes Universallexikon) halten aber die Herkunft aus den Abendmahlsworten für möglich. Diese zweite Ableitung aus „Hax Pax Max..." erscheint vielen Christen als erträglicher und theologisch weniger anrüchig, wobei sie übersehen, dass auch diese Formel ihrerseits eine Wurzel haben muss – vermutlich die Abendmahlsworte. Aufschlussreich ist: Die Worte „Hax pax"/„Oxbox" wurden auch auf Hostien geschrieben, um die Empfänger gegen Krankheit und Schäden zu schützen. Auch das macht ihre Nähe zum Abendmahl deutlich. Wer diese Formeln vor Jahrhunderten sprach, sparte dabei nicht an Kreuzeszeichen (Handwörterbuch des Deutschen Aberglaubens).

Beschneidung im Judentum

Sie gilt als Zeichen des Bundes zwischen Gott und Israel. Laut dem ersten Buch Mose/Genesis (21,4) beschnitt erstmals Urvater Abraham (um 1500 v. Chr.) seinen Sohn Isaak am achten Tag nach der Geburt. Bibelforscher erzählen die Geschichte der Beschneidung etwas anders. Ein Bundeszeichen sei sie geworden, als Israel im babylonischen Exil war (ab 586 v. Chr.). Bis dahin sei es bei allen Völkern des Nahen Ostens üblich gewesen, Jungen erst vor der Pubertät zu beschneiden, so auch in Israel. Im Befreiungskampf der Makkabäer (167 bis 164 v. Chr.) wurde die Beschneidung zum nationalen Symbol und zum Unterscheidungsmerkmal von Juden gegenüber Heiden. Der jüdische Philosoph Philo von Alexandrien, ein Zeitgenosse Jesu, begründete die Beschneidung rationalistisch – als Körperhygiene. Jesu Jünger waren sich uneins, ob sich auch Christen beschneiden lassen müssten. Der Apostel Paulus behauptete sich mit der Meinung, dass für Christen die Taufe ausreiche.

Geschwister Jesu

Die Namen der Brüder sind bekannt, nicht jedoch die der Schwestern. Jakob, Josef, Simeon und Judas sind leibliche Brüder Jesu. Während der katholische Katechismus lehrt, diese Geschwister seien „nicht weitere Kinder der Jungfrau Maria", sondern nahe Verwandte, steht für evangelische Theologen fest: Jesus entstammt einer kinderreichen Familie. Jakob und Simeon sollen nacheinander Bischöfe von Jerusalem gewesen sein. Die Evangelien verschweigen ihre große Rolle: dass zum Beispiel Jakob die junge Kirche stark geprägt hat, er ein großer „Kirchenpolitiker" und einige Jahre der führende Kopf der jüdisch-christlichen Gemeinde in Jerusalem war. Dass seine Bedeutung später heruntergespielt wurde, hat damit zu tun, dass sich die Kirche von den jüdischen Gesetzesregeln und jüdischen Wurzeln zu distanzieren begann. Zum Maßstab wurden die sogenannten Heidenchristen: zum Christentum bekehrte Nichtjuden. Jesu Geschwister sind Opfer einer kirchenpolitischen Wende.

Knien

Beim Gebet die Knie zu beugen, dies gilt heute als eines der Unterscheidungsmerkmale zwischen evangelischen und katholischen Christen. In evangelischen Kirchen befinden sich, anders als in katholischen, in den Bankreihen in aller Regel keine Kniebänke. Nach jüdischer Tradition stehen die Menschen häufiger beim Gebet, als dass sie knien, denn das Stehen ist ein uralter Ausdruck der Ehrfurcht. Das Stehen beim Gebet galt auch den Christen als Symbol für die Auferstehung, es wurde für die Sonntage und das Osterfest durch das Konzil von Nizäa (325) sogar ausdrücklich angeordnet. Das Knien war demgegenüber Zeichen für Schuldbewusstsein und Bußgesinnung und auch Ausdruck der Anbetung Gottes. Dass die Reformation den Brauch des Kniens weitgehend abgeschafft hat, hat auch damit zu tun: Während Katholiken durch diese Körperhaltung ihren Glauben an die Gegenwart Gottes im geweihten Brot und Wein ausdrücken, beziehen Protestanten die Präsenz Gottes im Abendmahl stärker auf die ganze Gemeinde.

Letzte Ruhe Richtung Mekka

„Wende dein Antlitz gegen die Heilige Moschee", fordert der Koran alle Muslime auf (Sure 2,145), „wo immer ihr seid, wendet es gegen sie." Mekka ist der örtliche Mittelpunkt der weltweiten Glaubensgemeinschaft des Islam. Fünf Mal täglich verneigt sich eine Milliarde Muslime im Gebet in Richtung der saudi-arabischen Stadt. Mindestens einmal im Leben sollte ein Muslim dorthin pilgern und in die Masse der Glaubensgeschwister aus aller Welt eintauchen. Auch im Tod behält der gläubige Muslim die Ausrichtung nach Mekka bei. Der Gewohnheit ihres Propheten Mohammed folgend bestatten Muslime die Toten so, dass die rechte Seite des Leichnams Mekka zugewandt ist; die linke Körperhälfte stützt man mit etwas Erde ab, so dass das Gesicht nach Mekka blickt. Die rechte Seite eines Menschen symbolisiert nach islamischer Vorstellung Reinheit. Mit der rechten Hand soll ein Muslim essen, eine Moschee zuerst mit dem rechten Fuß betreten.

Koscher

ist das hebräische Wort für „geeignet", „passend". Gerade beim Verzehr von Lebensmitteln müssen Juden darauf achten, dass diese koscher sind. Die Einhaltung der Reinheitsgesetze, wie sie in der Bibel in den Büchern Mose (z. B. 3. Mose 11) stehen, sind wichtiger Bestandteil der jüdischen Religionspraxis. So dürfen Juden nur jene Säugetiere verspeisen, die sowohl wiederkäuen als auch Paarzeher sind, also Kühe, Schafe, Ziegen, Wild. Die Tiere müssen zudem geschächtet werden, also vor dem Zerlegen vollkommen ausbluten. Wichtig ist auch: Beim Braten, Kochen und Servieren darf Fleisch nicht in Berührung mit Milchprodukten kommen. Koschere Fische sind solche, die Schuppen und Flossen aufweisen, weshalb Schalentiere für den Genuss nicht in Frage kommen.

Eduard Kopp

Jahrgang 1953, ist Diplomtheologe. Er studierte Politik und Theologie, kam über die Mitarbeit beim Südwestrundfunk zum damaligen „Deutschen Allgemeinen Sonntagsblatt" und war dort Redakteur und Ressortleiter. In der chrismon-Redaktion ist er leitender theologischer Redakteur und unter anderem verantwortlich für „Religion für Einsteiger", „Vorbilder", Essays. Besondere Hobbys: mittelalterliche Geschichte, Krimis schreiben, Stereografie. Eduard Kopp ist mit einer Lehrerin verheiratet und hat zwei Söhne.

Reinhard Mawick

Jahrgang 1966, stieß während seines Vikariats zum „Deutschen Allgemeinen Sonntagsblatt". Dort war er von 1997 bis 2000 als Redakteur im Ressort „Kirche und Theologie" tätig. Als chrismon-Redakteur (ab Oktober 2000) kümmerte sich Reinhard Mawick besonders um die Themen Religion, Kirche und E-Musik, seit 2005 ist er auch als Produzent für die CDs und Bücher der edition chrismon tätig. Der ordinierte Theologe interessiert sich sehr für Fußball und ist in seiner Freizeit gerne als Sänger und als ehrenamtlicher Pfarrer aktiv. Mawick ist verheiratet und hat zwei Töchter.

Burkhard Weitz

Jahrgang 1965, studierte evangelische Theologie in Bielefeld, Hamburg und Amsterdam (Niederlande) sowie vergleichende Religionswissenschaften in Philadelphia (USA). Beim Magazin chrismon ist er verantwortlich für die Abonnementausgabe chrismon plus. Nebenbei schreibt er theologische und religionswissenschaftliche Beiträge und Bücher. Außerdem ist er ordinierter Pfarrer im Ehrenamt. Burkhard Weitz lebt mit seiner Frau und seinen beiden Kindern in Frankfurt am Main.